Segen

Segen

Ein Liebesgruß des Himmels
für jeden Tag des Jahres

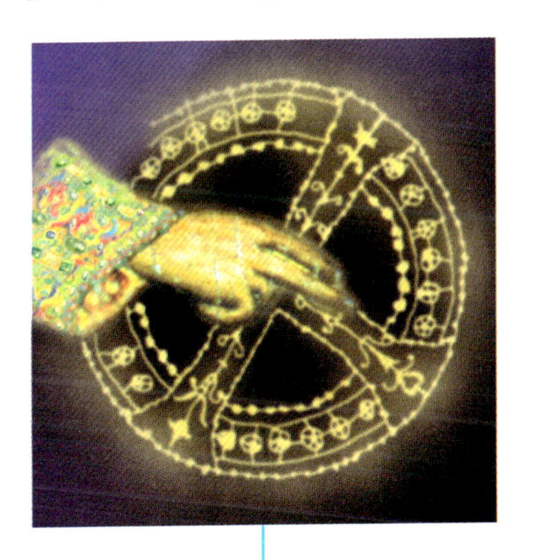

Hildegunde Wöller

Kreuz

Vorwort

Ursprung und Urheber allen Segens ist Gott, der Schöpfer. Die Bibel ist nicht denkbar ohne die Erzählungen vom Segnen: Der Ursegen des Schöpfers am Beginn, der Segen Gottes für Noah, Abraham, Isaak und Jakob. Das Wirken Jesu ist eine einzige Segenshandlung: Er segnet Kinder durch Umarmen und Handauflegen, er segnet durch Vergebung und Heilung, er segnet durch die Seligpreisungen, er segnet noch als Gekreuzigter durch seine Fürbitte und Paradieszusage, er segnet als Auferstandener durch Anhauchung mit Heiligem Geist, und er segnet zum Abschied bei seiner Himmelfahrt. Wenn Pfarrer segnen, rufen sie Gott, die Lebensenergie, die er gibt, seine Liebe, sein Wohlwollen und seinen Schutz herab. Der Segen, der im Namen Christi ergeht, erstreckt sich zusätzlich auf das Leben über den Tod hinaus, auf das ewige Heil. Der Gesegnete, verspricht die Bibel, wird selbst ein Segen sein für andere. Trotz des weit verbreiteten Ohnmachtsgefühls hat jeder Mensch die wunderbare Fähigkeit, andere zu segnen. Segnen ist manchmal einfach ein Gruß, ein guter Wunsch, ist Bestätigung des anderen, Wahrnehmung, Anerkennung, positive Zuwendung, eine Liebeserklärung, Vergebung, Gewährung von Raum und Zeit zum Werden. Wer segnet, ist allem freundlich zugewandt, auch sich selbst. Wer segnet, leitet die Energie des Lebens, göttliche, kosmische Energie durch sich selbst anderen zu – und wird so selbst geheilt. Wer segnet, bleibt nicht ohnmächtig, sondern wird machtvoll – nicht aus eigener Kraft, sondern aus der Kraft, aus der die Welt in jedem Augenblick entsteht und lebt. Wer segnet, wandelt. Denn alles, was nicht im Einklang ist mit der Lebenskraft des Ursprungs, kann nicht so bleiben, wenn es gesegnet ist. Wer segnet, verwirklicht Feindesliebe, denn er stellt den anderen in das Kraftfeld, das ihm Wandlung ermöglicht. Wer segnet, drängt nicht sein Ich und seinen Willen oder Unwillen in den Vordergrund, sondern gibt »Raum der Gnade Gottes« – bei sich selbst und anderen. Wer segnet, nimmt Heiligen Geist in Anspruch, nicht als eine persönliche Eigenschaft, sondern als verliehene Gabe, die durch Weitergeben spürbar wird.

Wer segnen lernen will, braucht die Disziplin der Liebe. Denn er muss sich darin üben, nie mehr und niemandem zu fluchen. Zwar kann man der Überzeugung sein, überhaupt noch nie einen anderen verflucht zu haben, aber das ist leider eine Illusion. Schimpfen, schelten, herabsetzen, verachten und verspotten durchziehen den Alltag viel stärker als den meisten bewusst ist.
Wer sich dagegen zum Segnen entschließt, übt sich im Bejahen, und die Welt wird sich wandeln. Es geht beim Segnen um den Mut, Grenzen zu überschreiten. Vor allem die Grenzen des eigenen Urteilens und Rechthabens. Jesus erwartet von seinen Jüngern die Vollkommenheit Gottes, der seine Sonne aufgehen lässt über Böse und Gute. Der Heilige Geist ist lebenschaffende Energie, und Energie wird spürbar, wenn sie fließt. Wer Segen weitergibt, empfängt selbst Segen.
Die Segensworte in diesem immerwährenden Kalender wollen Anerkennung, Liebe und Mut vermitteln und dazu anregen, selbst ein Segnender zu sein. Gemälde aus der christlichen Kunst wollen anschaulich machen, in wie vielen Situationen Heiliges herein- und herabströmt auf den Menschen, ihn stärkt, heilt, ermutigt und wandelt.

Hildegunde Wöller

Ich bin der Segen, der dich selbst beim Namen rief,
ein Glanz von Gottes Glanz und seinem Angesicht.
Ich meine dich als einzelne Person,
damit du werdest, was dein Schöpfer sich gedacht.
Sein leuchtend Angesicht bin ich,
dir zugewandt in Liebe und in Gunst.
Und wendest du dein Auge diesem Leuchten zu,
dann wirst du, was du werden sollst,
ganz klar und ganz.

Jesus wurde vor ihren Augen verwandelt,
und sein Angesicht leuchtete wie die Sonne.

Matthäus 17,2

Wir schauten seinen Glanz,
einen Glanz, wie ihn der Sohn Gottes hat,
leuchtend von Gnade und Wahrheit.

Johannes 1,14

Januar

Ein frohes Herz

1. Januar

Mögen sich die Wege vor deinen Füßen ebnen,
mögest du den Wind im Rücken haben,
möge die Sonne warm dein Gesicht bescheinen,
mögen die Regentropfen sanft auf deine Felder fallen,
und, bis wir uns wiedersehen,
möge Gott seine schützende Hand über dir halten.

Irischer Segenswunsch

2. Januar

In ihm sei's begonnen,
der Monde und Sonnen
an blauen Gezelten
des Himmels bewegt.

Du, Vater, du rate,
lenke du und wende,
Herr, dir in die Hände
sei Anfang und Ende,
sei alles gelegt.

Eduard Mörike, 1804-1875

3. Januar

Ein Engel möge dich auf deinem Weg geleiten,

ein Engel halte Wacht an deiner Tür.

Ein Engel sei von früh bis spät an deiner Seite

und sage freundlich: »Ich bin hier.«

4. Januar

Sei freundlich zu dem Menschen, der dir heut begegnet
und sage ihm ein liebes Wort.
Der Blick aus deinen Augen sage ihm: Du bist gesegnet,
denn was du gibst, kehrt zu dir selbst zurück.

5. Januar

Himmelsglanz über dir,
Gottesglanz um dich her,
segnendes Wort:
Du bist von mir geliebt,
der dir das Leben gibt,
ist auch dein Freund.
Ihm bist du wert und lieb,
von Ewigkeit bist du erwählt.
Sei nun, du schwacher Mensch,
stark aus dem Geist,
der dich erhält,
mächtig in liebendem Tun.

Der Himmel ist mit dir

Meister der Goldenen Tafel, um 1410-1420 — Taufe Jesu (Ausschnitt)

6. Januar

Heiligen Geist sei mit dir

und gehe von dir aus wie ein kostbarer Duft.

In deiner Gegenwart sollen andere froh werden,

durch deine Nähe aufgerichtet und getröstet.

So wirst du für andere zum Segen,

und selbst wie ein immergrüner Baum.

7. Januar

Gott, der Ewige, kennt deinen Namen, du bist sein.

Darum fürchte dich nicht.

Dein Schicksal ist in Gottes Hand,

und zuletzt wird alles gut werden,

denn Gottes Segen ist immer bei dir.

8. Januar

Wie ein blinkender Stern am Himmel
schaut Gottes Auge auf dich.
Er kennt dich, er liebt dich.
Er achtet nicht auf deine Fehler,
sondern freut sich über dein Vertrauen.
Wie eine Mutter ihr Kind mit Freude aufwachsen sieht,
so segnen dich Gottes Augen
mit seiner Zustimmung und mit Freude an dir.

9. Januar

Wenn du zurückblickst auf dein Leben,

findest du manches, was dich bis heute bedrückt.

Aber sieh ein zweites Mal hin:

Dann entdeckst du, dass du geführt wurdest,

anders, als du gewollt hast, aber wunderbar.

Bedenke die Spur, die deine Jahre dir zeigen.

Dann siehst du den Segen, der dich bis hierher gebracht hat,

und er wird dich auch weiter geleiten.

10. Januar

Bedenk, du bist ein Königskind der Erde,
sie hat von Urzeiten an auch dich bedacht.
In dir wartet ein großes, strahlendes Selbst
darauf, aufzuleuchten.
Zögere nicht, lass es knospen.
Du kannst anderen Freude machen,
so wirst du ein Priester, eine Priesterin des Heiligen
und ein König, eine Königin des größeren Lebens.

11. Januar

Als Jakob in der Nacht mit einer
dunklen Gestalt kämpfte,
rief er ihr zu: »Ich lasse dich
nicht, du segnest mich denn!«
Da ist von der dunklen Gestalt
ein Leuchten ausgegangen,
und Segen floss auf Jakob über.
So kannst auch du einer
Situation, die dich bedrängt,
Segen abgewinnen.
Fordere ihn ein, seine Kraft
wird dich überraschen.
Als die Nacht vorüber war,
ging Jakob die Sonne auf,
er sah in Gottes Angesicht.

12. Januar

Du salbst mein Haupt mit Öl

und schenkst mir den Becher voll ein.

Lauter Glück und Gnade werden mir folgen

all meine Tage.

Psalm 23,5

Bleib gesund

Meister der Darmstädter Passion, 15. Jh., Die Hochzeit zu Kana (Ausschnitt) Die Hände Jesu

13. Januar

Unser Gott,

der Mächtige, Ursprung und Vollender aller Dinge,

segne dich,

gebe dir Gedeihen und Wachstum,

Gelingen deinen Hoffnungen,

Frucht deiner Mühe.

Jörg Zink, *1922

14. Januar

Gott hat gesagt:

»Dein Name soll ein Segenswunsch sein.«

Wie willst du sein, damit andere sich gesegnet fühlen?

Begegnungen mit dir können so herzerwärmend sein,

dass schon ein Gruß von dir erfreut

und schon der Gedanke an dich

ein Lächeln auf das Gesicht des anderen zaubert.

Du kannst ein Segen sein,

der aus der Ferne wirkt.

15. Januar

Mein Wunsch für dich ist,
dass du eine leuchtende Insel
in dir findest,
wo Blumen blühen
und Vögel singen,
wo die Sonne scheint
und alles grünt.
Wo du dich niederlassen
und träumen kannst.
Wenn diese Insel auftaucht
aus dem Meer von Trauer,
ist dein Schmerz gestillt.

16. Januar

Ein altes Segenswort der Bibel
ruft alles Gute der Welt zum Zeugen dafür auf,
dass dir Lebenskraft zufließt:
»Mit dem köstlichen Regen vom Himmel droben
und mit dem Grundwasser, das in der Erde ist,
mit dem Köstlichsten, was die Sonne hervorbringt,
und dem Köstlichsten, was die Monde erzeugen,
mit dem Besten der uralten Berge und
dem Köstlichsten der ewigen Hügel,
dem Köstlichsten der Erde und ihrer Fülle
und der Huld des, der im Dornbusch wohnt«
sollst du gesegnet sein.

Nach 5. Mose 33,13-16

17. Januar

»Das Brot ernährt dich nicht.

Was dich im Brote speist,

ist Gottes ewigs Licht,

ist Leben und ist Geist«,

dichtete Angelus Silesius.

Jedes Stück Brot ist ein Segen für dich.

Iss es mit Andacht und Dank.

18. Januar

Gott segne dich.

Er schenke dir Wohlgefallen an dir

und Zufriedenheit mit deinen Begabungen.

Er schenke dir das Glück,

der sein zu können, der du bist.

Sodass du spürst:

Du hast ein Recht selbst auf deine Verrücktheit,

du bist wichtig mit deiner Andersartigkeit,

weil Gott dich so gewollt hat, wie du bist,

als besondere Pflanze

im großen weiten Garten seiner Schöpfung.

19. Januar

In Christus war das Leben,

und das Leben war das Licht

für die Menschen.

Johannes 1,4

Schön ist der Monde,

schöner ist die Sonne,

schön sind auch die Sterne all.

Jesus ist feiner,

Jesus ist reiner

als die Engel allzumal.

Münster 1677

Gib die Hoffnung nicht auf

Meister Bertram, 1379/83 Die Erschaffung der Gestirne (Ausschnitt)

20. Januar

»Gott segnete den siebenten Tag und heiligte ihn,
denn an ihm hat Gott geruht von all seinem Werke,
das er geschaffen und vollbracht hat.«

1. Mose 2,3

Gottes Ruhen ist kein Ausruhen nach getaner Arbeit,
sondern ein Ruhen als seine atmende Gegenwart.
Der Schöpfer wohnt in allem, was er geschaffen hat,
er heiligt und belebt es,
von ihm strömt Segen aus, liebendes Wohlwollen,
auch auf dich.

21. Januar

»Gott lässt seine Sonne aufgehen
über Böse und Gute,
er sendet Regen über Gerechte und Ungerechte«,
sagt Jesus, und fügt den erstaunlichen Satz hinzu:
»Ihr sollt vollkommen sein,
wie euer himmlischer Vater vollkommen ist.«

Matthäus 5,48

Vollkommen ist demnach,
wer Sonne und Regen als Geschenk Gottes annimmt
und sie auch anderen gönnt,
unabhängig davon, wie er sie moralisch einschätzt.
Segnen heißt großzügig sein.

22. Januar

Mein Wunsch für dich ist,

dass du die Flamme spürst, die in dir ist,

das Sternenfeuer aus Gottes Glanz,

damit Licht aus dir strahlt

und deine Augen leuchten.

Denn deine Heiterkeit ist es,

die andere von dir brauchen.

Wo du sie gibst, strahlt sie auf dich zurück.

23. Januar

Lobe den Herren,

der sichtbar dein Leben gesegnet,

der aus dem Himmel

mit Strömen der Liebe geregnet.

Denke daran, was der Allmächtige kann,

der dir mit Liebe begegnet.

Joachim Neander, 1650–1680

24. Januar

Gott segne die Tage deiner Trauer.

Wenn du den Krug der Tränen kaum noch tragen kannst,

wenn selbst die Vögel in den Zweigen zu schluchzen scheinen,

wenn du niedersinkst, gedrückt von schwerer Last

und Verzweiflung,

dann mögest du den Augenblick erleben,

in dem die Stimme des Liebenden dich erreicht,

in dem die Augen deines Herzens schauen

das leuchtende Rot der Überwindung aller Schmerzen

und des Sieges, der die wunde Seele heilt.

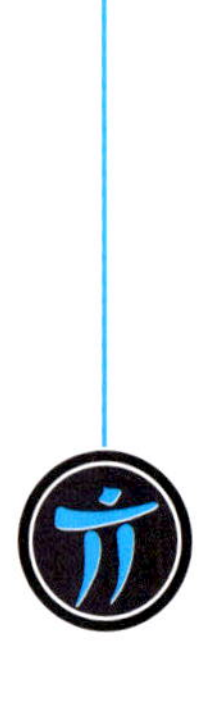

Alles Liebe

Martin Schongauer, um 1450 – 1491 Noli me tangere (Ausschnitt)

25. Januar

Sollt ich meinem Gott
nicht singen?
Sollt ich ihm nicht
dankbar sein?
Denn ich seh in allen Dingen,
wie so gut er's mit mir meint.
Ist doch nichts als lauter Lieben,
das sein treues Herze regt,
das ohn Ende hebt und trägt,
die in seinem Dienst sich üben.
Alles Ding währt seine Zeit,
Gottes Lieb in Ewigkeit.

Wie ein Adler sein Gefieder
über seine Jungen streckt,
also hat auch hin und wieder
mich des Höchsten
Arm bedeckt,
alsobald im Mutterleibe,
da er mir mein Wesen gab
und das Leben, das ich hab
und noch diese Stunde treibe.
Alles Ding währt seine Zeit,
Gottes Lieb in Ewigkeit.

Paul Gerhardt, 1607 – 1676

26. Januar

Nimm dir Zeit, freundlich zu sein –

das ist der Weg zum Glück.

Nimm dir Zeit zu träumen –

das bewegt dein Gefährt zu den Sternen.

Lebensregel von Baltimore

27. Januar

Gesegnet seien deine Wege,
der Tag erhelle dein Gesicht.
Ein frischer Wind dein Herz bewege,
es segne Regen dich und Licht.

Bis wir dereinst uns wiedersehen,
führt auch dein Weg durch Flut und Brand,
wird Gott verborgen mit dir gehen
und halten dich in seiner Hand.

Jörg Zink, * 1922

28. Januar

Wenn es etwas Heilendes gibt,

dann ist es der dankbare Lobgesang,

der hier auf dieser Erde beginnt,

wo immer einem Menschen ein Klang

von himmlischer Musik gelungen ist,

ein Ton der Liebe, der Geduld,

der Hoffnung oder der Güte.

Jörg Zink, *1922

29. Januar

Von jedem Leid sollst du verschont bleiben –
nein, das wünsche ich dir nicht.
Dein künft'ger Weg soll stets nur Rosen für dich tragen –
nein, das wünsche ich dir nicht.
Nie sollst du bitt're Tränen weinen
und niemals sollst du Schmerz erfahren –
nein, auch das wünsche ich dir nicht.

In Tränen kann das Herz geläutert,
im Leid geadelt werden.
Schmerz und Not nehmen es auf
in eine besondere Gemeinschaft,
deren Lächeln einmalig liebevoll ist.

Irischer Segenswunsch

Sei gegrüßt

Jan van Eyck, um 1390-1441, Genter Altar — Die Mutter Gottes (Ausschnitt)

30. Januar

Geh deinen Weg ruhig – mitten in Lärm und Hast,

Stille wird dir Frieden schenken.

Lebensregel von Baltimore

31. Januar

Wenn er das Zeitliche segnet, hat der Hinübergehende
eine Kraft, die schon von drüben her geliehen ist.
Der Segen des Vaters, auf dem Sterbebett gesprochen,
kann den weiteren Lebensweg des Sohnes leiten.
Bedenke die Kraft deiner Worte,
was möchtest du deinen Kindern sagen, wenn du gehst?
Segnet und fluchet nicht, mahnt die Bibel.
Darum segne schon heute, vergib und vertraue,
damit es deinen Kindern wohl geht.

Ich bin der Segen, der am Ursprung stand,
als Gott das Urlicht rief, die Welt ins Sein zu schicken.
Das große Ja, das Finsternisse überwand,
und dann ein Lächeln blühen ließ auf Kinderlippen.
Ich bin die Energie, die Wachstum schafft
und immer neues Werden aus geheimem Schoß.
Drum traue mir, ich geb auch dir die Kraft,
die dich ins Leben sendet, stark und groß.

Christus:

Euer Herz erschrecke nicht. Vertraut auf Gott und auf mich.
Ich bin der Weg und die Wahrheit und das Leben.

Johannes 14,1.6

Februar

Mut auf dem Weg

1. Februar

Mein Wunsch für dich ist,
dass du mutig weitergehst,
wenn ein hartes Kreuz dir die Schultern drückt
und wenn der hohe Gipfel vor dir
unerreichbar scheint
und selbst das Licht der Hoffnung schwindet.

Irischer Segenswunsch

2. Februar

Gott sei über dir,

um dich zu behüten.

Gott sei vor dir,

um dir den rechten Weg zu zeigen.

Irischer Segenswunsch

3. Februar

Mein Wunsch für dich ist:

Deine Gaben sollen wachsen mit den Jahren.

Gott hat sie dir geschenkt,

und sie sollen die Herzen derer, die du liebst,

mit Freude erfüllen.

Und in jeder Stunde der Freude und des Leides

wird Gott mit dir sein, dich segnen;

und du mögest in seiner Nähe bleiben.

Irischer Segenswunsch

4. Februar

Jesus in seiner Abschiedsrede:

Frieden lasse ich euch zurück,

meinen Frieden gebe ich euch.

Nicht wie die Welt gibt, gebe ich euch.

Euer Herz lasse sich nicht beunruhigen und verzage nicht!

Johannes 14,27

5. Februar

Es segne dich Gott, der Vater,

der dich nach seinem Bild geschaffen hat.

Es segne dich Gott, der Sohn,

der dich durch sein Leiden und Sterben erlöst hat.

Es segne dich Gott, der Heilige Geist,

der dich zum Glauben gerufen und geheiligt hat.

Gott, der Vater und der Sohn und der Heilige Geist

geleite dich durch das Dunkel des Todes.

Er sei dir gnädig im Gericht

und gebe dir Frieden und ewiges Leben.

Sterbesegen, Evangelisches Gesangbuch

6. Februar

Ich wünsche dir, dass du dich heute magst,
ich wünsche dir, dass dich die Sonne küsst.
Ich wünsche dir, dass du dich nicht so plagst
und dass du meine Liebe nicht vergisst.

7. Februar

Es segne dich der ewige Gott.

Er richte dich auf, wenn du gebeugt bist von Kummer.

Er lenke deinen Blick auf das Licht, das von ihm ausgeht,

er mache deine Stirn hell, weil du sein Licht spiegelst.

Sei getrost

Meister Bertram 1379/83, Getsemani (Ausschnitt) Hand Gottes

8. Februar

Mein Wunsch für dich ist,

dass du schon am Morgen in der Straßenbahn

nur freundliche Gesichter

um dich siehst und dass im Park der erste Vogel singt.

Mein Wunsch ist, dass den ganzen Tag kein Schmerz dich quält

und dass der Nachbar dir die schwere Tasche

bis zur Wohnung trägt.

Mein Wunsch ist, dass am Abend sich ein Lied

auf deine Lippen drängt

und du den Tag beschließt mit Dank in deinem Herzen.

9. Februar

Mein Wunsch für dich ist, dass du heute einen Menschen triffst,
dem du einen Gefallen tun kannst,
und dass dir gelingt, was du dir vorgenommen hast.
Mein Wunsch ist, dass dir ein guter Einfall kommt
für den Geburtstag deiner Mutter
und dass du deinem Partner gern vergibst.
Mein Wunsch ist, dass du dich als Gestalter
deines Lebens fühlst und nicht als Opfer.
Mein Wunsch ist, dass von dir Segen ausgeht
auf die Menschen um dich her.

10. Februar

Ich wünsche dir eine gute Reise
und eine gesunde Wiederkehr.
Ich wünsche dir,
dass dir unterwegs kein Unglück geschieht,
sondern dir freundliche Menschen begegnen,
die dich geleiten,
und dass du an deinem Ziel
das findest, was du erhoffst.
Ich wünsche dir, dass du auch bei dir selbst ankommst,
dich an deine Ideale erinnerst und deine Liebe
und dass deine Augen mir bei deiner Wiederkehr sagen:
Ich habe gefunden, was ich suchte und noch mehr.

11. Februar

Mein Wunsch für dich ist,

dass du mutig bist.

Dass du Helfer findest in der Not

und Ratgeber, wenn du nicht weiterweißt.

Mein Wunsch ist,

dass du den schweren Weg überstehst

und dankbar zurückblicken kannst,

weil dein Mut und dein Vertrauen

dich geleitet haben.

12. Februar

Unser Gott segne dich
und gebe dir einen Engel zum Geleit.
Er möge dir wie eine weiße Taube vorausfliegen,
er möge dein Herz mit einer fröhlichen Melodie erfreuen,
er möge dich bewahren, damit du nichts Wichtiges vergisst.
Er möge dir Freundlichkeit verleihen im Umgang mit deinen Lieben
und Geduld mit ihren Schwächen.
Und er lasse dich immer wieder einen Baum finden,
an den du dich lehnen kannst,
und der dir zuraunt: Alles ist gut.

13. Februar

Gott sei neben dir,

um dich in die Arme zu schließen

und um dich zu beschützen

gegen Gefahren von links und von rechts.

Irischer Segenswunsch

14. Februar

Ich erhebe mich heute durch eine gewaltige Kraft,
die Anrufung der Dreieinigkeit,
und bekenne den Schöpfer der Schöpfung.

Ich erhebe mich heute durch die Kraft Gottes,
die mich lenkt,
Gottes Macht halte mich aufrecht,
Gottes Auge schaue für mich,
Gottes Ohr höre für mich,
Gottes Wort spreche für mich,
Gottes Weg will ich gehen,
sein Schild schütze mich.

Patrick, Bischof von Irland, 6. Jh.

Sei stark

Conrad von Soest, 1403 Himmelfahrt Christi (Ausschnitt)

15. Februar

Christus sei mir zur Rechten,

Christus mir zur Linken.

Er die Kraft.

Er der Friede.

Patrick, Bischof von Irland, 6. Jh.

16. Februar

Der ewige Gott gebe dir
Wurzeln, die dich tragen,
Flügel, die dich ins Weite führen,
Ohren für das Unhörbare,
Augen für das Unsichtbare,
Hände, um Gutes zu tun,
und Füße, um zu ihm heimzukehren.

17. Februar

Der reiche Gott
lasse dich einem Menschen begegnen,
den du liebst und der dich wiederliebt.
Er lasse die Liebe dein Leben segnen
wie der Regen die Erde befeuchtet.
Er lasse über dir die Sonne seiner Gnade scheinen,
damit blühen und reifen kann,
was in dir angelegt ist.

18. Februar

Gott segne dich, mein Kind.

Ich entlasse dich aus meinen Wünschen,

ich spreche dich frei davon,

meinen Vorstellungen zu genügen,

ich gebe meine Pläne für dich auf.

Wichtig ist allein, was Gott in dich hineingelegt hat.

Ich will dich beschützen,

ich will Sonnenschein und Regen für dich sein

und wünsche dir, dass der Keim,

den Gott dir in Herz und Geist gelegt hat,

unter seinem Segen in dir heranwächst.

19. Februar

Den Weg des Friedens führe dich der barmherzige Gott,
sein Engel geleite dich auf dem Weg,
damit du wohlbehalten heimkehrst in Frieden und Freude.

20. Februar

Pflege die Kräfte deiner Seele,

damit sie dich schützen kann, wenn Unglück dich trifft.

Aber überfordere dich nicht durch Idealbilder von dir.

Viele Ängste entstehen durch die Enttäuschung,

die du dir selbst bereitest.

Lebensregel von Baltimore

21. Februar

Gott spricht:

Ich bin bei dir in der Not.

Ich rette dich

und führe dich ins Licht.

Ich gebe dir Leben

jetzt und ewig,

und am Ende

wirst du mich schauen.

Nach Psalm 91,15.16

Gott bewahre dich

Griechische Ikone, 17. Jh. — Elia und der Rabe

22. Februar

Ich wünsche dir,

dass du dich beim Spielen selbst vergisst

und ganz versinkst in dem, was du gerade tust.

So kommst du in Verbindung mit dir selbst,

so strömt in dich der Segen göttlichen Geistes.

So schweigen alle Fragen, weil du selbst die Antwort bist

und Segen ausgeht von dir auf dein Werk und alle,

denen du es widmest.

23. Februar

Der Himmel hat dich mit allem Segen
des göttlichen Geistes gesegnet.
Du bist in Christus erwählt vor Erschaffung der Welt,
damit du heilig vor Gott leben kannst.
Du bist von der Liebe Gottes im Voraus dazu bestimmt,
durch Jesus Christus seine Tochter, sein Sohn zu werden
und zu ihm zu gehören, um seine Gnade zu loben.
So bist du mit Einsicht beschenkt über den Sinn deines Lebens
und mit der Weisheit, danach zu handeln.

Nach dem Gotteslob

24. Februar

Ich wünsche dir,

dass du immer wieder Abstand findest

von dem, was dich beschäftigt und bedrängt.

Dass du Auge und Ohr öffnest für die Schönheit um dich her

und alles, was dein Leben trägt und dich bisher gesegnet.

So spürst du die Geborgenheit,

in die Gottes Segen dich einhüllt jeden Augenblick,

dein Herz kann freier schlagen und dein Atem ruhig gehen,

weil Freude in dich einzieht und Gelassenheit.

25. Februar

Ich wünsche dir die tiefen Atemzüge,

die dich von oben her mit Licht durchströmen,

weiß, golden, blau – wie du es gerade brauchst.

So spürst du Gottes Segen dich ganz durchdringen,

denn dieses Licht heilt dich und macht dich hell.

Und von dir selbst geht Licht aus

wie Anmut, an der andere sich erquicken.

26. Februar

Der ewige Gott

segne die Jahre deines Alters.

Er lasse dich lächeln über vergangene Dummheiten,

er lasse dich vergessen, was man dir Schlimmes antat.

Er erlöse dich von deinen Zielen

und lasse das Vertrauen in dir wachsen,

dass du in Gottes Augen vollendet bist.

27. Februar

Ich wünsche dir,

dass du das Kind in dir entdeckst

und mit ihm freundlich redest.

Denn diesem Kind steht das Himmelreich offen.

Das Kind in dir empfängt den Segen Gottes

wie den warmen Strahl der Sonne

und wie die gute Hand des treuen Hirten.

Und ist das Kind in dir fröhlich,

dann kannst du dir selbst ein guter Freund sein

und anderen Mut machen.

28. Februar

Übe dich in Vorsicht bei deinen Geschäften.

Die Welt ist voller Tricks und Betrug.

Aber werde nicht blind für das, was dir an Tugend begegnet.

Lebensregel von Baltimore

29. Februar

Mein Wunsch für dich ist,

dass du Vertrauen hast.

Vertrauen zu dir selbst gibt dir Kraft.

Vertrauen zu anderen macht das Leben leichter.

Vertrauen zu Gott macht dein Dasein sinnvoll.

Ich bin der Segen, bin die Liebe,
die das Herz der Gottheit ist.
Ich komme zu dir als die sanfte Taube
und als die Glut, die alles Leben ruft.
Ich kann das Kleinste an das Größte binden,
die Zeit ist mir ein Ausschnitt aus der Ewigkeit.
Und wo ich wirke, werden Menschen Engel,
und Gott trägt selbst das Kleid der Sterblichkeit.
Und keine Macht und keine Form kann hindern,
dass ich, die Liebe, alles überstrahle,
denn meine Kraft kann Herzen überwinden,
– das stärkste Bollwerk in der Menschenwelt.

Christus:
Der Geist Gottes ruht auf mir,
er hat mich gesandt, den Armen frohe Botschaft zu bringen.

Lukas 4,18

März

Über allem die Liebe

1. März

Ich bin die Weisheit, die dich erdacht,

der Wille, der dich gewollt,

die Macht, die dich geschaffen,

die Gnade, die dich erhoben,

die Stimme, die dich ruft,

das Wort, das zu dir spricht,

die Güte, die dich beschenkt,

die Barmherzigkeit, die dir vergibt,

die Liebe, die dich umfängt,

der Geist, der dich belebt,

die Ruhe, die dich erfüllt,

die Heiligkeit, die dich wandelt.

2. März

Ich habe dich gewählt
unter allen Sternen.

Und bin wach – eine lauschende Blume
im summenden Laub.

Unsere Lippen wollen Honig bereiten,
unsere schimmernden Nächte sind aufgeblüht.

An dem seligen Glanz deines Leibes
zündet mein Herz seine Himmel an.

Alle meine Träume hängen an deinem Golde,
ich habe dich gewählt unter allen Sternen.

Else Lasker-Schüler, 1869–1945

3. März

Gott sei hinter dir,

um dich zu bewahren vor der Heimtücke böser Menschen.

Gott sei unter dir,

um dich aufzufangen, wenn du fällst.

Irischer Segenswunsch

4. März

Der Segen Gottes leite dich,

so wie die Augen eines guten Freundes über dir wachen.

Du brauchst dich nicht zu fürchten,

weder vor Gott noch vor deinem Tod,

noch vor dem, was andere dir androhen.

Denn du bist für Gott kostbar und einmalig,

er hütet dich wie seinen Augapfel

und dir kann nichts geschehen,

was dich von seiner Liebe trennt

und von dem, was er mit dir vorhat.

5. März

Gott segne dich mit seinem Glanz.
Er lasse über dir aufgehen
das Licht seiner Gegenwart,
das sanft über dich kommt wie eine weiße Taube,
dich durchglüht und mit Freude erfüllt.
Er schenke dir jene Momente der Klarheit,
in denen deine Seele weiß, was ihr von Ewigkeit her geschenkt ist:
Du bist geliebt und berufen zu ewiger Freude.

Ich bin für dich da

Meister Bertram, um 1394 Pfingsten (Ausschnitt)

6. März

Ich wünsche dir immer wieder die Augenblicke,
in denen du innewirst, dass Ewiges dich anruft und erleuchtet.
Ich wünsche dir die großen Augenblicke der Liebe,
die kostbaren Augenblicke reiner Freude,
die seligen Augenblicke, in denen Schönheit dich berührt,
sodass du spürst, wie Gottes Segen dich bescheint
und dein kleines Leben im Horizont von Wunderbarem steht.
So wächst in dir Geduld mit allem, was dich sonst belastet.

7. März

Mein Wunsch für dich ist,

dass du in deinem Herzen dankbar bewahrst

alle kostbaren Erinnerungen an dein Leben.

Irischer Segenswunsch

8. März

Ich habe gebetet. So nimm von der Sonne und geh.

Die Bäume werden belaubt sein.

Ich habe zu den Blüten gesagt,

sie mögen dich schmücken.

Kommst du zum Strom, da wartet ein Fährmann.

Zur Nacht läutet sein Herz übers Wasser.

Sein Boot hat goldene Planken, das trägt dich.

Die Ufer werden bewohnt sein.

Ich habe den Menschen gesagt, sie mögen dich lieben.

Es wird dir einer begegnen, der hat mich gehört.

Günter Bruno Fuchs, 1928–1977

9. März

Wache!

Lass dich nicht einnebeln von der Realität,

die man dir als die einzige Wirklichkeit zeigt.

Denn Gott kommt zu dir,

sein Segen strahlt auf dich herab,

ganz anders, als du dir ausdenken kannst,

beseligend und erschütternd wie ein Traum,

und dem halte dich offen,

dem gehe entgegen.

10. März

Selbst die Grenze, die der Tod aufrichtet,

ist durchlässig für den Segen des lebendigen Gottes.

In deine Trauer

bricht der goldene Strahl der Liebe und der Kraft,

und Segen strömt auf dich hernieder,

durchdringt dich machtvoll,

bricht dein Herz auf,

du kannst nicht mehr bleiben, die du gewesen bist.

Nimm wahr, es ist kein Trug,

wo du geliebt, kann Sterben dich nicht trennen

und selig bist du in der Gegenwart göttlichen Lebensstroms,

weil der Geliebte dich berührt,

als du es nicht mehr zu hoffen wagtest.

Er ist wahrhaftig auferstanden

Hans Memling, 1433-1494, Leben der Maria Jesus und Maria Magdalena (Ausschnitt)

11. März

Möge die Angst dich fliehen wie der Nebel weicht,

wenn sich die Morgensonne überm Horizont erhebt,

sodass du fröhlich und tapfer deine Straße ziehst

und wie von selbst in deinem Herzen eine Melodie erwacht,

mit der du fröhlich singend diesen Tag bestehst.

12. März

Gott segne dich und mache dich schön,

so schön, wie er dich haben möchte als seine erwählte Braut.

Gott zeige dir die Liebe, mit der er dich erwählt,

um Hochzeit mit dir zu feiern.

Habe darum Respekt vor dir selbst

und vernachlässige weder dein Inneres noch dein Äußeres.

Verkrieche dich nicht in deiner Scham,

sondern sei zu jeder Stunde darauf gefasst,

dass dir ein Rendezvous mit einem Engel bevorsteht,

den Gott dir sendet.

13. März

Gott segne dich.

Er öffne dein Herz für die Liebe, die dir begegnet,

und schenke dir den Mut, wiederzulieben.

Nimm Liebe aus dem großen Herzen Gottes und teile sie aus.

Sie wird niemals weniger,

sondern wenn du nimmst und gibst,

atmest du in dem Kraftfeld,

das durch das ganze Universum strömt.

Und so bist du gesegnet und wirst anderen zum Segen.

14. März

Nimm dir Zeit zu lieben
und geliebt zu werden –
das ist das Vorrecht der Götter.

Lebensregel von Baltimore

15. März

Er weiß viel tausend Weisen,
zu retten aus dem Tod,
ernährt und gibet Speisen
zur Zeit der Hungersnot;
macht schöne rote Wangen
oft bei geringem Mahl;
und die da sind gefangen,
die reißt er aus der Qual.

Er ist das Licht der Blinden
erleuchtet ihr Gesicht;
und die sich schwach befinden,
die stellt er aufgericht'.
Er liebet alle Frommen,
und die ihm günstig sind,
die finden, wenn sie kommen,
an ihm den besten Freund.

Paul Gerhardt, 1607–1676

Christus erleuchte dich

Duccio di Buoninsegna, 1255-1319, Maestà — Die Heilung des Blindgeborenen (Ausschnitt)

16. März

Mein Wunsch für dich ist,
dass die Begabungen, die Gott dir gab,
in dir wachsen und dir mit den Jahren helfen,
die Herzen jener froh zu machen, die du liebst.

Irischer Segenswunsch

17. März

Üb immer Treu und Redlichkeit
bis an dein kühles Grab
und weiche keinen Finger breit
von Gottes Wegen ab.

Dann wird die Sichel und der Pflug
in deiner Hand so leicht,
dann singest du beim Wasserkrug,
als wär' dir Wein gereicht.

Ludwig Hölty, 1748–1776

18. März

Ich denke dein, wenn mir der Sonne Schimmer
vom Meere strahlt;
ich denke dein, wenn sich des Mondes Flimmer
in Quellen malt.

Ich sehe dich, wenn auf dem fernen Wege
der Staub sich hebt;
in tiefer Nacht, wenn auf dem schmalen Stege
der Wanderer bebt.

Ich höre dich, wenn dort mit dumpfem Rauschen
die Welle steigt.
Im stillen Haine geh ich oft zu lauschen,
wenn alles schweigt.

Ich bin bei dir, seist du auch noch so ferne,
du bist mir nah!
Die Sonne sinkt, bald leuchten mir die Sterne.
O wärst du da!

Johann Wolfgang Goethe, 1749–1832

19. März

Unser Gott sei dir gnädig,

wenn du verschlossen bist in Schuld,

er löse dich von allem Bösen und mache dich frei.

Jörg Zink, *1922

20. März

Wie das Wasser, das dir deinen müden Fuß umspült,

bin ich der Segen, der dich durch dein Leben trägt.

Ich reinige dich, ich erfrische dich,

ich salbe dich.

Nimm mich an, lass es dir gefallen,

dass ich mich unter dich beuge,

um dich dort zu berühren, wo du es nicht erwartest.

Ich heile deine Wunden

und gebe dir neue Kraft.

Achte auf deinen Weg, du gehst auf meinen Händen.

Geh mit Gott

Duccio di Buoninsegna, 1255–1319, Maestà

Fußwaschung (Ausschnitt)

21. März

Gott segne deine Stimme
und deinen Gesang,
er segne die Freude,
die du spürst, wenn du Gott lobst.
Gott zu loben ist das Vorrecht derer,
die ihre Befreiung feiern
mitten in einer dunklen Welt.

22. März

Herr, mache mich zu einem Werkzeug deines Friedens,

dass ich liebe, wo man hasst,

dass ich verzeihe, wo man sich beleidigt,

dass ich verbinde, wo Streit ist,

dass ich die Wahrheit sage, wo Irrtum ist,

dass ich Glauben bringe, wo der Zweifel droht,

dass ich Hoffnung wecke, wo Verzweiflung quält,

dass ich ein Licht anzünde, wo Finsternis regiert,

dass ich Freude bringe, wo der Kummer wohnt.

Franz von Assisi, 1182–1226, zugeschrieben

23. März

Du bist gesegnet

mit dem Tau des Himmels,

du bist gesegnet

mit dem Frühlingssonnenstrahl.

Du bist gesegnet mit dem Sternenfunkeln

und mit dem Blütenmeer der Wiesen überall.

So nimm den Segen tief in dich hinein –

er ist dir zugedacht von Anbeginn der Welt –

und segne selbst.

Lass deine Augen leuchten

und sage Freundliches zu Blüte, Himmel, Stern,

zu Tier und Frucht und jedem Menschenkind.

24. März

Treffet ihr euren Freund am Wegesrand oder auf dem Marktplatze,
so möge der Geist eure Lippen rühren und eure Zunge lenken.
Möge die Stimme im Innern eurer Stimme
zum Ohr seines Ohrs reden,
denn seine Seele wird die Wahrheit eures Herzens bewahren,
wie die Blume des Weins in der Erinnerung lebendig bleibt.

Khalil Gibran, 1883–1931

25. März

Gott segne das Lächeln,
mit dem du andere begrüßt und glücklich machst.
In deinem Lächeln wohnt seine Gnade,
in deiner Anmut wohnt seine Wunderkraft.
Schenke Segen und lass dich beschenken
mit dem Segen,
der dir von anderen Antwort gibt –
denn auch aus ihnen spricht Gott zu dir.

Das Glück sei dir hold

Giovanni Segantini, 1894 Engel des Lebens

26. März

Gott segne deine Barmherzigkeit mit dir selbst
und mit anderen.
Sei nachsichtig, so bist du im Einklang mit Gott.
Er lässt die Fünf gerade sein
und schreibt auch auf krummen Linien gerade.
So wirst auch du selig sein,
wenn du großzügig über deine eigenen Fehler
und über die der anderen hinwegsiehst.
Gott ist größer als unser Herz und weiß alle Dinge.

27. März

Gott segne deine Zuverlässigkeit.

Er ist treu und lässt seine Sonne scheinen

über Gerechte und Ungerechte.

Er hört auf deine Bitten

und verlässt dich auch dann nicht,

wenn du ihn vergisst.

So wirst du Teil von seinem Segen,

indem du dich finden lässt von denen,

die dich brauchen,

und die besuchst, die es nicht wagen,

dich darum zu bitten.

28. März

Gott gebe dir Frieden.

Er schenke dir Gelassenheit in schwierigen Zeiten.

Er mache dich eins mit dir selbst.

Er heile deine innere Zerrissenheit

und zeige dir das Ziel deines Lebens,

wenn du es aus den Augen verloren hast.

Er nehme dir die Angst vor den anderen

und zeige dir, dass auch sie Menschen sind,

die einsam sind und Angst haben.

Gott schenke dir ein Lächeln für sie,

so breitest du seinen Frieden aus,

und er kehrt zu dir zurück.

29. März

Mein Wunsch für dich ist,

dass du immer einen wahren Freund hast,

der an dich glaubt, wenn du deine Kraft nicht spürst,

und du dank ihm den Lebensstürmen standhältst

und dein hohes Ziel erreichst.

Irischer Segenswunsch

30. März

Wer hat mich wunderbar bereitet?
Der Gott, der meiner nicht bedarf.
Wer hat mit Langmut mich geleitet?
Er, dessen Rat ich oft verwarf.
Wer stärkt den Frieden im Gewissen?
Wer gibt dem Geiste neue Kraft?
Wer lässt mich so viel Glück genießen?
Ist's nicht dein Arm, der alles schafft?

Christian Fürchtegott Gellert, 1715–1769

31. März

Der Herr ist gut und bleibt es bis zum Tod.
Wir sollen ihm in seinen Armen sterben;
er will uns führen aus der letzten Not
und alles, was er hat, uns lassen erben
und Ruhe geben, wie er selber ruht.
Der Herr ist gut.

Johann Jakob Rambach, 1693–1735

Ich bin der Segen, bin der Geist,
der Leben gibt und Leben heißt.
Ich bin ein Hauch aus Gott,
ein Wehen aus dem Licht der ewigen Sonne,
die alles Blühen weckt und alle Wonne.
Und was ich singe, ist das Lob des Höchsten,
was ich bewirke, ist das Dankeslied,
das aus dem Herzen strömt in jeder Knospe,
die sich entfaltet, weil das Licht es will.
Ich wehe Licht und Feuer in dein Leben,
der Liebe Glut und des Gedankens Kraft,
auch alles Werden, alles Weiterstreben,
weil Gott, der Schöpfer, an dir schafft.

Der Auferstandene hauchte seine Jünger an:
Empfangt Heiligen Geist!

Johannes 20,22

April

Vertrauen gibt Kraft

1. April

Gott sei in dir,

um dich zu trösten,

wenn du traurig bist.

Irischer Segenswunsch

2. April

Wohlan, so lebe Gott in mir!
In ihm ich leb und webe,
damit mein Ich ihn für und für
nach Würden hoch erhebe,
und meine Liebe ganz allein
in Lieb und Leid,
in Lust und Pein
an seiner Liebe hange,
bis ich nach ausgestandner Prob
in vollem Licht zu Gottes Lob
die Gottesschau erlange.

Johann Albrecht Bengel, 1687 - 1752

3. April

Selig sind die reinen Herzens sind,

sie werden Gott schauen.

Matthäus 5,8

Ein reines Herz ist ein von Gott durchströmtes Herz.

Du wirst selig sein wie ein Säugling,

wenn du aufnimmst, was dir von Gott her zuströmt –

die Weisheit des Lebens,

die dich wie Muttermilch nährt und heiligt.

4. April

Selig sind die Trauernden,

sie werden getröstet.

Matthäus 5,4

So wie geheilt sein mehr ist als gesund sein,

ist der Getröstete weiser als der,

der nie einen Verlust zu beklagen hatte.

Denn er hat einen Segen empfangen,

der ihm geistigen Adel verleiht.

Die Welt ist für ihn durchsichtiger,

die Liebe kostbarer, das Lebendige heilig.

5. April

Selig die geistlich Armen,

ihnen gehört das Reich der Himmel.

Matthäus 5,3

Geduldig sein und warten können

ist manchmal das Einzige, das bleibt.

Dann nicht aufgeben, nicht verzweifeln.

An der Hoffnung festhalten,

der Liebe vertrauen,

dem Licht entgegensehen,

das doch kommen muss.

Ich vergesse dich nicht

Duccio di Buoninsegna, 1255–1319, Maestà — Höllenfahrt Christi (Ausschnitt)

6. April

Unser Gott lasse leuchten sein Angesicht über dir

wie die Sonne über der Erde Wärme gibt dem Erstarrten

und Freude gibt dem Lebendigen.

Jörg Zink, *1922

7. April

Abendgebet

Schon glänzt der goldne Abendstern,
gut Nacht, ihr Lieben nah und fern,
schlaft ein in Gottes Frieden.
Die Blume schließt die Äuglein zu,
der kleine Vogel geht zur Ruh,
bald schlummern alle Müden.

Du aber schläfst und schlummerst nicht,
dir, Schöpfer, ist das Dunkel licht,
dir will ich mich vertrauen.
Hab du uns alle wohl in Acht,
lass uns nach einer guten Nacht
die Sonne fröhlich schauen.

Verfasser unbekannt

8. April

Ich wünsche dir einen Garten,
in dem du ganz allein zu Hause bist,
einen Garten mit Blumen und Vogelgesang,
mit einer sprudelnden Quelle und einem Baum,
der dir Schatten gibt.
Ich wünsche dir, dass du ihn in dir findest, sooft du ihn brauchst,
um zu dir zu kommen und still zu sein.
Wenn du in diesem Garten bist und deinem Atem lauschst,
dann kannst du wie ein weißes Flügelrauschen
den heiligen Geist verspüren, der dich segnet
und dir sagt: Du bist geliebt.

9. April

Selig sind die Barmherzigen,

sie werden Barmherzigkeit erlangen.

Matthäus 5,7

Was ihr getan habt einem unter diesen meinen geringsten Brüdern,

das habt ihr mir getan.

Kommt her, ihr Gesegneten meines Vaters,

ererbet das Reich, das euch von Grundlegung der Welt an

bereitet ist!

Matthäus 25,34

10. April

Ich wünsche dir, dass du in dir selbst
und in anderen
den heiligen Glanz Gottes entdeckst.
Ich wünsche dir den Mut zu sagen und zu tun,
was du von innen her musst.
Ich wünsche dir, dass du Gefährten findest,
die dich verstehen und begleiten.
Ich wünsche dir, dass du die Melodie deines Lebens findest
und durch sie Gott auf die Welt bringst.

11. April

Der Mond, mein Liebster,

soll dich immer dran erinnern,

was du von Kind auf weißt und immer gern gehört:

Gott wacht über dir und will dich gern begleiten,

sein Auge blickt auf dich und lächelt dir gern zu.

Drum blick zum Mond auf in den klaren Nächten

und nimm sein Leuchten als Erinnerung daran,

dass ich an dich denke und dir Gutes wünsche,

und noch vielmehr der Gott, der dich geleitet hat bisher.

Er möge mit seinem Segen sein auf allen deinen Wegen,

ein Auge der Liebe, das dich nie vergisst.

12. April

Es kommt der Tag,

da wird auf Erden Friede sein.

Da wird Gott abwischen alle Tränen,

Leid, Geschrei und Schmerz werden zu Ende sein.

Ich wünsche dir, dass du mit diesem Bild vor Augen

standhalten kannst den Schrecken dieser Zeit

und dich das Licht der Hoffnung immer neu erhellt.

Gott möge bei dir sein, wenn dich der Kummer drückt

mit seinem Geist, dem Tröster dieser Welt.

Alles wird gut

Russische Osterikone, 16. Jh.

13. April

Engel mögen dich zum Paradies geleiten,

die heiligen Märtyrer dich begrüßen

und dich führen in die heilige Stadt Jerusalem.

Die Chöre der Engel mögen dich empfangen

und im Reich des Christus soll ewiges Leben dich erfreuen.

Nach dem Gotteslob

14. April

Gott segne dich.

Er gebe dir den Mut, dich aufzurichten,

er gebe dir das rechte Wort zur rechten Zeit.

Er gebe dir von seiner Kraft, zu dir zu stehen

und die Freiheit in Anspruch zu nehmen,

die sein Geist dir verleiht.

15. April

Mein Wunsch für dich ist,

dass an Leidens- und an Freudentagen

das Lächeln Gottes mit dir sei,

und du dich ihm so innig nahe fühlst,

wie er's für dich ersehnt.

Irischer Segenswunsch

16. April

Abend und Morgen
sind seine Sorgen;
segnen und mehren,
Unglück verwehren
sind seine Werke und Taten allein.
Wenn wir uns legen,
so ist er zugegen;
wenn wir aufstehen,
so lässt er aufgehen
über uns seiner Barmherzigkeit Schein.

Paul Gerhardt, 1607–1676

17. April

Du bist wie ein Baum
Du hast Wurzeln mit tausend Verästelungen.
Gott trage dich und gebe dir Nahrung.
Du hast einen Stamm.
Gott gebe dir die Kraft,
aufrecht unter seinem Himmel zu stehen.
Du hast viele Zweige.
Gott gebe dir die Kraft,
deine Begabungen zu entfalten.
Du trägst eine Krone von Laub.
Gott gebe dir Tausende von Möglichkeiten,
sein Licht aufzunehmen.
Du leuchtest von Blüten.
Gott gebe dir Schönheit und Freude.
Du bringst viele Früchte.
Gott segne, was du in seinem Namen tust.

18. April

Stehe nach Möglichkeit mit allen auf gutem Fuße,

aber gib dich selbst dabei nicht auf.

Sage deine Meinung immer ruhig und klar

und höre auch die anderen an,

selbst die Dummen – sie haben auch ihre Geschichte.

Lebensregel von Baltimore

19. April

Der ewige Gott, der dich geschaffen hat,

wecke in dir die Liebe, dich selbst anzunehmen.

Er lasse dich erkennen,

dass du einmalig und etwas Besonderes bist,

gerade so, wie er dich in seinen Gedanken gewollt hat.

Wo er dich hingestellt hat, dort sollst du blühen,

wie er dich gestaltet hat, so sollst du schön sein,

wie er dich begabt hat, so sollst du wirken.

Gott gebe seinen Segen zu deinem Sein und Tun und Werden.

Du bist mir wichtig

Jacopo Tintoretto, 1518 – 1594

Jesus und die Sünderin (Ausschnitt)

20. April

Wo du Schönes siehst, da gib ihm deinen Segen,
wo dir Anmut begegnet, da sende ihr einen freundlichen Gruß,
wo dich Grazie entzückt, da schenke ihr deine Liebe.
Gönne deinen Augen die Freude an allem, was gelungen ist,
gönne deinem Herzen die Lust an dem, was gelingt.
Lass deine Sinne trinken all das Wunderbare,
das dir auf deinem Weg begegnet und dich beglückt.
Sende ihm etwas von deiner Kraft, bestätige dankend sein Dasein,
so wirst du segnend selbst gesegnet sein.

21. April

Der ewigreiche Gott
woll uns bei unserm Leben
ein immer fröhlich Herz
und edlen Frieden geben
und uns in seiner Gnad
erhalten fort und fort
und uns aus aller Not
erlösen hier und dort.

Martin Rinckart, 1586–1649

22. April

Gott segne dich.

Er mache deine Seele still wie einen See,

in dem sich Sonne, Mond und Sterne spiegeln.

Er lasse deinen Atem leise gehn

wie einen sanften Hauch, der silbern übers Wasser gleitet.

Gott schenke dir die reine Gegenwart seiner Güte und Kraft

und lasse dich genesen von allem, was war.

23. April

Gott segne dieses Kind

und seine Mutter dazu.

Möge es beschützt aufwachsen

und von seinen Krankheiten genesen.

Gott behüte seine ersten Schritte

und bewahre sein Gemüt vor Schrecken.

Er halte Unglück von ihm fern

und gebe ihm Freunde zur Seite,

auf die es sich verlassen kann.

Gott lasse es seine Liebe und Treue erfahren

und gebe ihm seinen Geist,

damit es selbst ein Segen ist.

24. April

Gott sende dir einen Engel im Traum,
einen Engel, leuchtend und hehr.
Der sage dir wundersame Dinge über dich
und segne dich noch viel mehr.
Und wenn du dann aufwachst,
dann soll dir sein,
als wärst du im Himmel gewesen
und du sollst lächeln und wissen:
Dort bin ich daheim
und dies Leben ist ein vorübergehendes Sein,
doch jetzt und hier will ich singen.

25. April

Unser Gott erhebe sein Angesicht auf dich,

er sehe dein Leid und höre deine Stimme,

er heile und tröste dich.

Jörg Zink, * 1922

26. April

Ostar, Ostara, Erdenmutter,

gönne diesem Acker zu wachsen und zu werden,

zu blühen und Frucht zu bringen.

Friede ihm!

Dass die Erde gefriedet sei

und dass sie geborgen sei

wie die Heiligen, die im Himmel sind.

Inschrift im Kloster Corvey in Westfalen, übertragen aus altsächsischer Sprache

Sei fruchtbar

Meister Bertram 1379/83 Die Erschaffung der Tiere

27. April

Gott sei mit seinem Segen bei dir.
Er erfülle dich mit Vertrauen,
er mache dich stark, Gutes zu erwarten
und nicht aufzugeben.
Er breite ein Lächeln über deine Züge,
das du von anderen zurückbekommst,
sodass eine freundliche Sonne deinen ganzen Tag bescheint.

28. April

Gottes Segen sei in dir wie ein kostbarer Schatz.
Er erfülle dich mit seinem Licht und seiner Gnade.
Er sei eine Quelle der Freude in dir
und ein Schutz vor Trübsinn und Angst.
Gottes Segen schlage Wurzeln in dir,
dass du wie ein Baum ins Licht wächst,
deine Zweige ausbreitest, blühst und Früchte trägst.
Er sei das Feuer in dir, das dich mit Energie auflädt,
sodass andere sich aufrichten an deiner Kraft.

29. April

Komm, iss mit Freuden dein Brot
und trink deinen Wein mit fröhlichem Herzen;
denn dazu hat Gott schon längst seinen Segen gegeben.
Trage gute Kleider und mache dich schön.
Erfahre, was das Leben bietet, wie es dein Herz ersehnt,
und freu dich an dem, was deine Augen schauen.
Genieße das Leben mit dem Menschen, den du liebst,
an allen Tagen, die dir verliehen sind unter der Sonne.

Nach Prediger 9,7-9

30. April

Mein Wunsch für dich ist,

dass du an keinem Tag vergisst zu danken.

Und wenn dir sonst nichts einfällt,

danke deinen Füßen, dass sie dich tragen,

deinem Herzen, dass es schlägt.

Danke dem Stuhl, auf dem du sitzt,

und dem elektrischen Strom, dass er da ist.

Wenn du weiter alles aufzählst,

was dir sonst selbstverständlich scheint,

wirst du mit dem Danken nicht zu Ende kommen,

und dein Herz wird darüber froh werden.

Ich bin der Segen,
der als Freude quillt in allem Leben.
Aus Gottes Geist entspringt mein lachend Sein.
Mein Tanz ist Urmusik der Schöpfung
und mein Rhythmus ist der Takt des Werdens.
Ich sage ja zu dir und dem, was Gott gewollt,
als er das große Spiel des Kosmos in das Leben rief.
Der Überschwang, die Fülle und die Schönheit,
ja die Lust am Sein bin ich und seine Energie.
Ich verbinde dich mit allen Sternen,
die in den Galaxien wirbeln, und mit deinem Blut,
in dem die Sonne ihre Kraft entfaltet.
Ich bin die Kraft, die dich zu einem Ganzen macht
und die dich auch mit allem Sein verbindet.

Christus:
Ich bin gekommen, damit sie Leben und reiche Fülle haben.

Johannes 10,10

Mai

Freude erfülle dich

1. Mai

Es mag alles gegen uns sprechen,

Gottes Liebe spricht für uns.

Eberhard Jüngel, * 1934

2. Mai

Herr, vor dein Antlitz treten zwei,
um künftig eines zu sein
und so einander Lieb und Treu
bis in den Tod zu weihn.

Sprich selbst das Amen auf den Bund,
der sie vor dir vereint;
hilf, dass ihr Ja von Herzensgrund
für immer sei gemeint.

Zusammen füge Herz und Herz,
dass nichts hinfort sie trennt,
erhalt sie eins in Freud und Schmerz
bis an ihr Lebensend.

Viktor Friedrich von Strauß und Torney, 1809–1899

3. Mai

Gott hat seinen Engeln
befohlen,
dich zu behüten
auf all deinen Wegen.

Psalm 91,11

4. Mai

Die Seele bat Gott,

er möge ihr etwas schenken,

was sie ständig an ihn erinnert,

und bekam zur Antwort:

Ja, ich gebe dir meine Augen, mit denen du alle Dinge siehst.

Meine Ohren, mit denen du alle Dinge vernimmst.

Meinen Mund, dass du durch ihn redest, betest und singst.

Mein Herz, dass du mit ihm alles denken

und alle Dinge lieben kannst.

Mechthild von Hackeborn, 1241–1299

5. Mai

Segne, Maria, die grünende Flur,
segne das braune Feld.
Segne die Quellen, die Bäume, den Fels,
segne den Blütenflor.

Segne das Herz, das zum Lieben bereit,
segne den Atem lind.
Segne die Jugend im tanzenden Chor,
segne das lachende Kind.

Lass dich umarmen

Matthias Grünewald, 1460-1528 Stuppacher Madonna (Ausschnitt)

6. Mai

Wieviel Sand in dem Meer,
wieviel Sterne oberher,
wieviele Tiere in der Welt,
wieviele Heller unterm Geld,
in den Adern wieviel Blut,
in dem Feuer wieviel Glut,
wieviel Blätter in den Wäldern,
wieviel Gräslein in den Feldern,
in den Hecken wieviel Dörner,
auf dem Acker wieviel Körner,
auf den Wiesen wieviel Klee,
wieviel Stäublein in der Höh,
in den Flüssen wieviel Fischlein,
in dem Meere wieviel Müschlein,
wieviel Tropfen in der See,
wieviel Flocken in dem Schnee –

soviel lebendig weit und breit
wünsch ich dir eine gute Zeit.

Des Knaben Wunderhorn

7. Mai

Gesegnet sei die geduldige Hand,

die tausendmal dieselbe Hilfe bietet.

Gesegnet sei das geduldige Ohr,

das tausendmal zuhört, was andere erzählen.

Gesegnet sei die geduldige Stimme,

die tausendmal auf Fragen antwortet.

Gesegnet sei das geduldige Herz,

das tausendmal verzeiht.

Gesegnet sei der geduldige Fuß,

der tausendmal dem anderen nachgeht.

Der ewige Gott segne sie.

8. Mai

Guten Morgen sagt die Sonne zu dir in der Frühe,
gute Nacht sagt abends deine Müdigkeit.
Wohl bekomm's!, sagt dir der Duft der Speise,
sei willkommen, ruft der klare Maientag.
Und dein Herz ergreift von Zeit zu Zeit ein Sehnen,
deine Augen werden plötzlich feucht,
möchtest dich an einen Baum gern lehnen,
träumend in den blauen Himmel sehen.
So behutsam, freundlich und ganz leise
wickelt Gott den Segen für dich ein,
schau nur hin, schmeck, höre und ergreife,
dankend wirst du ganz gesegnet sein.

9. Mai

Morgens und abends zu lesen

Der, den ich liebe
Hat mir gesagt
Dass er mich braucht.

Darum
Gebe ich auf mich acht
Sehe auf meinen Weg und
Fürchte von jedem Regentropfen
Dass er mich erschlagen könnte.

Bertolt Brecht, 1898–1956

10. Mai

Deine Seele sei wie ein wohl bewässerter Garten,
und es soll dir an Kraft nicht fehlen.
Dein Leben soll reich sein wie ein blühender Garten,
und vieles soll darin gedeihen und Früchte bringen.
Der Garten deiner Jahre soll immer wieder Blüten
hervorbringen, grünen von Freude und Glück.

11. Mai

Gott segne das Geheimnis, das du bist
und das du niemand, nicht dir selbst
und auch dem Menschen, den du liebst,
kannst jemals ganz entschleiern.
Doch Gott, der Schöpfer selbst,
hält es in seiner Hand –
als einen heilgen Schrein, zu dem nur er den Schlüssel hat,
und den er stündlich füllt mit seinem großen Segen.

12. Mai

Die Liebe heißt dich, einem andern in dir Raum zu geben,
ihm dein Herz zu öffnen und verletzlich sein.
Den Schmerz, den dies bereitet,
nimmst du gern in Kauf.
Denn du begrüßt diesen Wandel als ein Licht,
das dich beglückt und deine Seele weitet.
So nimm auch jeden andern Wandel an –
mit seinem Schmerz und mit dem andern Licht,
das dich durch ihn erreicht.
Er wird ein Segen sein, der dich zu dir befreit.

13. Mai

Mögest du dich verlassen

auf die leisen Kräfte, die dich tragen.

Die Sanftheit der Frühlingssonne,

die Zartheit der Kospen,

die Gewaltlosigkeit eines liebevollen Blicks.

Mögest du ihre erneuernde

und überwindende Kraft erfahren.

14. Mai

Segnende Engelsmacht,

Feuer, das glauben macht,

glühendes Licht.

Treibt Angst und Trauer fort,

erhellt den dunklen Ort in dir und um dich her.

Nichts ist mehr, wie es war,

jetzt ist die Freude da,

funkelnder Glanz.

Und du Gesegnete, Geist dir begegnete,

Neues beginnt.

Österlich lebe nun, wende dein ganzes Tun

göttlichem Leben zu.

Gott zum Gruße

Meister der Goldenen Tafel, um 1410-1420 Die Botschaft des Engels am leeren Grab

15. Mai

Ich möchte ein Licht anzünden,
mein Licht.
Ich möchte dich spiegeln,
dessen Schönheit ich ahne
im Gesang aller Dinge.

Ich möchte ein Wort erfinden,
mein Wort.
Ich möchte dich loben,
dessen Atem ich spüre
im Gesang aller Dinge.

Ich bin wie ein Kind auf Erden,
dein Kind.
Ich möchte dir spielen,
dessen Segen mich leitet
im Gesang aller Dinge.

16. Mai

Nimm dir Zeit zu spielen –
das ist das Geheimnis
ewiger Jugend.
Nimm dir Zeit zu lesen –
das ist die Grundlage
der Weisheit.

Lebensregel von Baltimore

17. Mai

Beuge dich nicht vor den großen und kleinen Herren dieser Welt,
denn Gottes Segen stärkt dich,
seine Kraft macht dich fähig,
erhobenen Hauptes dazustehen.
Deine Schuld und deine Minderwertigkeitsgefühle
sind viel weniger wichtig, als du denkst,
wichtig ist allein der Segen Gottes, der dich ruft und aufrichtet.

18. Mai

O Lieb, o Liebe!
So golden schön,
wie Morgenwolken
auf jenen Höhn!

Du segnest herrlich
das frische Feld,
im Blütendampfe
die volle Welt.

O Mädchen, Mädchen,
wie lieb ich dich!
Wie blickt dein Auge!
Wie liebst du mich!

So liebt die Lerche
Gesang und Luft,
und Morgenblumen
den Himmelsduft.

Wie ich dich liebe
mit warmem Blut,
die du mir Jugend
und Freud und Mut

zu neuen Liedern
und Tänzen gibst.
Sei ewig glücklich,
wie du mich liebst!

Johann Wolfgang Goethe, 1749–1832

19. Mai

Freue dich an deinen Erfolgen
und Plänen
und strebe danach
weiterzukommen,
doch bleibe bescheiden.
Denn im wechselnden Glück
des Lebens
bleibt niemand immer oben.

Lebensregel von Baltimore

20. Mai

Zieht in Frieden eure Pfade.

Mit euch des großen Gottes Gnade

und seiner heilgen Engel Wacht!

Wenn euch Jesu Hände schirmen,

geht's unter Sonnenschein und Stürmen

getrost und froh bei Tag und Nacht.

Lebt wohl im Herrn!

Er sei euch nimmer fern spät und frühe.

Gustav Knak, 1806–1878

21. Mai

Ich sah den Herrn
allezeit vor mir,
denn er ist zu meiner Rechten
damit ich nicht wanke.
Deshalb freut sich mein Herz
und meine Zunge frohlockt.
Er hat mir die Wege
des Lebens kundgetan,
er wird mich erfüllen
mit Freude
vor seinem Angesicht.

Nach Apostelgeschichte 2,25–28

Ich vertraue dir

Luis Borrassa, Petrusaltar — Der sinkende Petrus (Ausschnitt)

22. Mai

Weg hast du allerwegen,
an Mitteln fehlt dir‘s nicht;
dein Tun ist lauter Segen,
dein Gang ist lauter Licht;
dein Werk kann
niemand hindern,
dein Arbeit darf nicht ruhn,
wenn du, was deinen Kindern
ersprießlich ist, willst tun.

Paul Gerhardt, 1607–1676

23. Mai

Im Wasser und im Geist wurdest du getauft.

Der Heilige Geist vollende an dir,

was er in der Taufe begonnen hat.

Dein Leib ist Gottes Tempel.

Gott schenke dir ewige Freude.

Nach dem Gotteslob

24. Mai

Erwarte von dir heilsame Selbstbeherrschung,

im Übrigen aber sei freundlich und sanft zu dir selbst.

Lebensregel von Baltimore

25. Mai

Dankt unserm Gott,
lobsinget ihm,
rühmt seinen Namen
mit lauter Stimm;
lobsingt und danket allesamt!
Gott loben, das ist unser Amt.

Er ist voll Güt
und Freundlichkeit,
voll Lieb und Treu zu jeder Zeit;
sein Gnad währt immer
dort und hier
und seine Wahrheit für und für.

David Denicke, 1603 - 1680
nach Cornelius Becker, 1561 - 1604

26. Mai

Weißt du, wieviel
Sternlein stehen
an dem blauen Himmelszelt?
Weißt du, wieviel Wolken gehen
weithin über alle Welt?
Gott der Herr hat sie gezählet,
dass ihm auch nicht eines fehlet
an der ganzen großen Zahl.

Weißt du,
wieviel Mücklein spielen
in der heißen Sonnenglut,
wieviel Fischlein
auch sich kühlen
in der hellen Wasserflut?
Gott, der Herr,
rief sie mit Namen,
dass sie all ins Leben kamen,
dass sie nun so fröhlich sind.

Weißt du, wieviel Kinder frühe
stehn aus ihrem Bettlein auf,
dass sie ohne Sorg und Mühe
fröhlich sind im Tageslauf?
Gott im Himmel hat an allen
seine Lust, sein Wohlgefallen;
kennt auch dich
und hat dich lieb.

Wilhelm Hey, 1789–1854

27. Mai

Gott segne dich,

damit du immer auf der Suche bist nach etwas,

worauf und über das du dich freuen kannst.

Freude ist Lebensenergie,

Freude ist der Ursprungssegen des Schöpfers für dich.

Freude ist Nahrung für deine Seele.

Gönne sie dir, es kann nie genug davon geben,

und Gott sendet dir davon, so viel du fassen kannst.

28. Mai

Du bist ein Kind der Schöpfung,

nicht weniger wie die Bäume und Sterne es sind.

Du hast ein Recht darauf, hier zu sein.

Und ob du es merkst oder nicht –

Die Schöpfung entfaltet sich weiterhin so, wie sie sein soll.

Lebensregel von Baltimore

29. Mai

Die Gnade unseres Herrn
Jesus Christus
und die Liebe Gottes
und die Gemeinschaft
des Heiligen Geistes
sei mit euch allen.

2. Korinther 13,13

30. Mai

»Gott gebe dir vom Tau des Himmels
und vom Fett der Erde
und Korn und Wein die Fülle!«

1. Mose 27,28

Wer lebte, ohne die Früchte der guten Erde!
Jeder Mensch bekommt etwas von diesem Segen,
jeder erfährt die mütterliche Güte der Erde.

31. Mai

Unser Gott behüte dich
vor allem Argen,
sei dir Schutz in Gefahr
und Zuflucht in Angst.

Jörg Zink, * 1922

Ich bin der Segen, der dich sanft umhüllt,
gleich wie ein Mantel, der den Frierenden erwärmt,
gleich wie die Salbe, die Verletzte sanft verbindet,
gleich wie der Trost, der Trauernde umarmt.
Ich bin der Mantel aus der Gottheit Stoff,
der alles, was vom Dasein wund ist, heilen will.
Ich komme mit Erbarmen und mit zarter Liebe,
Verlorene zu finden und Verirrte heimzuholen.
Wer verzweifelt ist, dem gebe ich den Hoffnungsschimmer,
der aus dem Licht der Gottheit selber kommt,
den lichten Schein, der alles Elend dieser Welt beenden
und allen Kummer noch in Freude wandeln will.
Drum sei getrost, denn auch für deine Wunde
bin ich der Balsam, der dich von dem Schmerz befreit.

Christus:
Kommt zu mir alle, die ihr elend seid und gebeugt von Lasten,
ich will euch Ruhe geben. Matthäus 11,28

Juni

Friede um dich her

1. Juni

Den tiefen Frieden im Rauschen der Wellen,
den wünsche ich dir.

Den tiefen Frieden im schmeichelnden Wind,
den wünsche ich dir.

Den tiefen Frieden über dem stillen Land,
den wünsche ich dir.

Den tiefen Frieden unter den leuchtenden Sternen,
den wünsche ich dir.

Den tiefen Frieden vom Sohne des Friedens,
den wünsche ich dir.

Irischer Segenswunsch

2. Juni

Sein Geist wohnt mir im Herzen,
regiert mir meinen Sinn,
vertreibet Sorg und Schmerzen,
nimmt allen Kummer hin;
gibt Segen und Gedeihen
dem, was er in mir schafft,
hilft mir das Abba schreien
aus aller meiner Kraft.

Mein Herze geht in Sprüngen
und kann nicht traurig sein,
ist voller Freud und Singen,
sieht lauter Sonnenschein.
Die Sonne, die mir lachet,
ist mein Herr Jesus Christ;
das was mich singen machet,
ist, was im Himmel ist.

Paul Gerhardt, 1607–1676

3. Juni

Wenn unsere Tage verdunkelt sind
und unsere Nächte finsterer als tausend Mitternächte,
so wollen wir stets daran denken,
dass es in der Welt eine große, segnende Kraft gibt,
die Gott heißt.
Gott kann Wege aus der Ausweglosigkeit weisen.
Er will das dunkle Gestern in ein helles Morgen verwandeln –
zuletzt in den leuchtenden Morgen der Ewigkeit.

Martin Luther King, 1929–1968

Gib nicht auf

Wiener Genesis, 6. Jh., Noah und die Sintflut (Ausschnitt)

Noah unter dem Regenbogen

4. Juni

In fremden Zungen

S' ist ein Geheimnis,
wer kann's durchdringen,
was Wipfel rauschen,
was Quellen singen,
was uns zu Füßen
die Blumen blühen
und uns zu Häupten
die Sterne glühen?
Vom Geist der Pfingsten
sind alle durchdrungen
und reden alle
in fremden Zungen.

Julius Sturm, 1816-1896

5. Juni

Manchmal kannst du es erspüren,

manchmal naht es wie ein sanftes Beben.

Und du meinst, dass Taubenschwingen dich berühren,

die vom Himmel segnend dich umwehn.

Und dann gehst du leichter,

gehst erhobnen Hauptes,

als trügest eine Krone du aus hellem Glanz.

Kostbar bist du, weil sie dich selbst erwählte –

Gottes Gegenwart in einem Hauch von Licht.

6. Juni

Stirbt die Hoffnung in dir,

stürzt auch der Himmel ein.

Aber du wirst immer wieder hoffen –

ob du krank bist oder Liebeskummer hast,

ob du am Abgrund stehst oder in einer Sackgasse,

wenn deine Gegner triumphieren

und wenn du an dir selbst zweifelst.

Dein Hoffen ist der Segen Gottes,

der dich anhaucht, damit deine Seele lebt.

7. Juni

Als du ein Kind warst, schien dir eine Woche eine Ewigkeit,

seit du älter wirst, scheint ein Jahr nur einen Augenblick zu dauern.

Wie du es auch erlebst: Du hast Zeit.

Mag sie lang oder kurz sein:

Du kannst sie mit Leben füllen.

Und dass es endet, hat etwas Barmherziges:

Es enden damit auch der Schmerz, der Streit, der Kummer.

Kostbar und bleibend aber ist der Augenblick,

in dem dich Ewiges berührt.

8. Juni

Mögest du Vertrauen haben
und immer eine liebende Hand finden,
die dich hält.
Mögest du auf Gott vertrauen,
der deine Angst in Mut verwandelt
und deine Sorge in Zuversicht.
Möge ein freundlicher Sonnenstrahl
dich heute daran erinnern,
dass du geborgen bist in Gottes treuen Armen.

9. Juni

Gott segne dich.

Er sende dir einen Engel,

der dich herauslockt aus dir selbst.

Denn heute ist der Tag, der dir gehört,

heute kannst du auskosten, nützen und genießen,

was du möchtest.

Vertage nichts auf morgen,

vor allem nicht dich selbst.

Denn jeder Moment, in dem du mit dir selbst im Einklang bist,

webt eine wunderbare Perlenschnur,

die dein Heute mit der Ewigkeit verknüpft.

Gott schütze dich

Hieronymus Bosch, 1450–1516, Heuwagen -Triptychon Der Heuwagen (Ausschnitt)

10. Juni

Gott fülle dich mit seinem Segen.

Er befreie dich aus der Höhle deines Unglücklichseins

und leite dich in das Lichtreich des Glücks.

Gott lasse in dir die Gewissheit aufleuchten,

dass du geliebt und gewollt bist auf dieser Erde,

um dich deines Lebens zu freuen.

Strafe dich nicht mit trüben Gedanken,

dein Schöpfer ist es nicht, der dich mit Unglück straft,

sein Angesicht leuchtet dir,

seine Freude soll dein Herz erfüllen,

so viel es fassen kann.

11. Juni

Sei du selber – vor allem:

Heuchele keine Zuneigung, wo du sie nicht spürst.

Doch denke nicht verächtlich von der Liebe, wo sie sich wieder regt.

Sie erfährt so viel Entzauberung, erträgt so viel Dürre

und wächst doch voller Ausdauer, immer neu, wie das Gras.

Lebensregel von Baltimore

12. Juni

Wohlauf, mein Herze,
sing und spring
und habe guten Mut!
Dein Gott,
der Ursprung aller Ding,
ist selbst und bleibt dein Gut.

Paul Gerhardt, 1607–1676

13. Juni

Christus, unser Erlöser, soll leben,
solange die Sonne bleibt und der Mond
bis zu den fernsten Geschlechtern.
Er ströme wie Regen herab auf die Felder,
wie Regenschauer, die die Erde benetzen.
Um Recht zu schaffen den Gebeugten
und Hilfe zu bringen den Kindern der Armen.
Die Gerechtigkeit blühe auf in seinen Tagen
und großer Friede, solange die Erde steht.
Er herrsche von Meer zu Meer,
vom Strom bis an die Enden der Erde,
wie im Anfang so auch jetzt
und alle Zeit und in Ewigkeit.

Nach dem Gotteslob

14. Juni

Gesegnet sei, wer gastfreundlich ist,

der tut, was Jesus tat,

als er den Segen sprach über Brot und Wein

und alle Anwesenden

zu Gästen machte im Himmelreich.

Sein Segen macht jedes Mahl

zu einem Fest der Freundlichkeit Gottes.

Und manche haben schon, ohne es zu wissen,

Engel beherbergt.

15. Juni

Gesegnet seien die Glücklichen.

Ihr Glück wird zum Segen für andere.

Sie strahlen gelingendes Leben aus,

den Glanz, der Liebende umgibt,

die Freude am Sein.

Ihr Glück ist ein leuchtendes Feuer,

an dem sich die im Dunkel sind wärmen und aufrichten.

16. Juni

Er ist dein Schatz,
dein Erb und Teil,
dein Glanz und Freudenlicht,
dein Schirm und Schild,
dein Hilf und Heil,
schafft Rat und lässt dich nicht.

Solange dieses Leben währt,
sei er stets unser Heil,
und wenn wir scheiden
von der Erd,
verbleib er unser Teil.

Er drücke,
wenn das Herze bricht,
uns unsre Augen zu
und zeig uns drauf
sein Angesicht
dort in der ewgen Ruh.

Paul Gerhardt, 1607–1676

17. Juni

Ich wünsche dir,

dass du den Schatz in dir hebst,

den kostbaren Schatz deiner Lust.

Denn du hast Lust zu atmen,

Lust zu lieben.

Je tiefer du atmest, je mehr du liebst,

umso reicher fühlst du dich.

Das Geben und Nehmen ist die schöne Gabe des Lebens.

Drum nimm deinen Schatz, teile ihn aus,

und du wirst selig sein.

Herzlich willkommen

Michelangelo di Buonarroti, 1475-1564 Erschaffung Adams (Ausschnitt)

18. Juni

Der Frühling möge dein Gemüt erhellen,

der Fliederduft dein trauriges Herz heilen,

der Gesang der Vögel dein Ohr erreichen.

Dein Auge möge sich berauschen an dem Kelch der Blüten

und deine Hand die Rinde eines Baumes fühlen.

Und in dem allen, wünsch ich dir,

mögest du wahrnehmen, dass Gott es gut meint mit dir

und gerade dir seine Grüße sendet

mit der Schönheit um dich her.

19. Juni

Flammende Rose, Zierde der Erden,
glänzender Gärten bezaubernde Pracht!
Augen, die deine Vortrefflichkeit sehen,
müssen, von Anmut erstaunet, gestehen,
dass dich ein göttlicher Finger gemacht.

Barthold Heinrich Brockes, 1680-1747

20. Juni

All Morgen ist ganz frisch
und neu
des Herren Gnad
und große Treu;
sie hat kein End
den langen Tag,
drauf jeder sich verlassen mag.

Johannes Zwick, 1496–1542

21. Juni

Selig sind die Friedensstifter,

sie werden Söhne und Töchter Gottes heißen.

Matthäus 5,9

Gott gebe dir Frieden mit dir selbst,

sodass deine Zerrissenheit überbrückt wird,

deine Verwundbarkeit geheilt

und du deine Unsicherheit lachend beiseite legst.

Der Friede in dir selbst

wird wie durch Zauberhand das Verhalten der anderen verwandeln.

In göttlicher Freiheit teilst du Friede aus.

22. Juni

Er hat noch niemals
was versehn
in seinem Regiment,
nein, was er tut
und lässt geschehn,
das nimmt ein gutes End.

Ei nun, so lass ihn ferner tun
und red ihm nicht darein,
so wirst du hier
im Frieden ruhn
und ewig fröhlich sein.

Paul Gerhardt, 1607–1676

23. Juni

Gesegnet seien die Liebenden!

Sie wagen das größte Abenteuer des Lebens:

Einen anderen zu lieben, ohne sein Geheimnis

ergründen zu können,

ihn zu ermutigen, wenn er sich entfaltet,

sich vom anderen finden zu lassen, ohne ihn abzuweisen,

sich dem anderen zu öffnen, ohne ihn zu verletzen,

die Signale des anderen achtsam aufzunehmen,

auch wenn sie anders sind als erwartet.

Gesegnet seien die Liebenden,

sie teilen einander Gottes unerschöpflichen Segen aus.

24. Juni

Christus sei, wo ich liege.
Christus sei, wo ich sitze.
Christus sei, wo ich stehe.
Christus in der Tiefe,
Christus der Höhe,
Christus in der Weite.

Christus sei im Herzen
eines jeden,
der meiner gedenkt.
Christus sei im Munde
eines jeden,
der von mir spricht.
Christus sei in jedem Auge,
das mich sieht,
Christus in jedem Ohr,
das mich hört.
Er mein Herr.
Er mein Erlöser.

Patrick, Bischof von Irland, 6. Jh.

Ich denke an dich

Duccio di Buoninsegna, 1255–1319, Maestà   Erscheinung vor der Tür (Ausschnitt)

25. Juni

Mögest du täglich ein Gedicht lesen, das deine Seele erreicht,
eine Melodie hören, die dein Inneres erquickt,
ein herzliches Wort von einem Freund hören
und ihm ebenso antworten können.

26. Juni

Segen sei mit dir,
der Segen des schaffenden Gottes,
der dir deine Gestalt gab und deine Talente.
Er segne dich, damit du sie fröhlich annimmst und gebrauchst.
Er segne dich, damit du dich nicht mit anderen vergleichst,
sondern innewirst, dass du so sein sollst, wie du bist,
und dass deine Stimme, deine Art, die Welt zu sehen,
deine Gedanken und was du aus ihnen machst,
genau das sind, was du zum Ganzen des Universums
beizutragen berufen bist.

27. Juni

Mögest du Achtung haben
vor dem Geheimnis, das du selbst bist.
Wie langweilig wäre das Leben
ohne den Zauber des Geheimnisvollen!
Gott gab dem Menschen die Neugier
und er segnet ihn mit seiner Unergründlichkeit,
damit immer etwas bleibt, nach dem der Geist sich ausstreckt,
und immer etwas zu suchen ist, das nicht gefunden werden kann.
Erkennst du den Segen darin,
hast du die erste Stufe zur Weisheit erreicht.

28. Juni

Ich will dich, den ich liebe, achten,

dir vertrauen und dir treu sein.

Ich will dir helfen und für dich sorgen und dir verzeihn.

Ich will deine Partnerin sein und dich achten als meinen Partner.

Ich will Freude und Leid mit dir teilen

und gemeinsam mit dir immer wieder

einen neuen Anfang suchen.

Ich will mit dir zusammen auf Gott vertrauen

und für andere Menschen da sein.

Meine Liebe soll ein Segen für dich sein.

Und das soll gelten, solange ich lebe.

29. Juni

Mein Wunsch für dich ist,

dass du deiner Sehnsucht nach Liebe treu bleibst.

Sie ist seelische Energie.

Ersticke sie nicht durch Enttäuschung und vernünftige Gründe.

Gib ihr Nahrung in deinem Herzen,

auch wenn es weh tut.

Auch eine unerfüllte Sehnsucht ist ein kostbares Gut,

das dein Herz erwärmt und deinem Geist Flügel gibt.

30. Juni

Gottes Segen möge dich geleiten
und sein Engel mit dir gehn.
Möge dir in schweren Zeiten
stets ein Freund zur Seite stehn.
Möge dich der Schmerz des Lebens
geduldig finden, bis der Tag dir leuchtet,
an dem dir ewige Freude winkt.

Ich bin der Segen, bin die Gnade,
die auch den Kleinsten und den Schwächsten nicht verschmäht.
Mich kümmert keine Schuld und kein Versagen.
Ich komme mit dem Füllhorn meiner Gaben
und gieße aus den heilig-reinen Strom der Güte
und des heilenden Verzeihns.
Ich bin nicht arm, ich brauche nicht zu zählen,
unendlich ist der Quell, der Gottes Liebe heißt.
Mein Wille ist zu heilen und Vertrauen zu erwecken
in Gottes Segensmacht und seinen Geist.

Christus:
Sei getrost, deine Sünden sind dir vergeben.
Steh auf und gehe heim.

Nach Matthäus 9,2.6

Juli

Das offene Tor

1. Juli

Der mich bisher hat ernähret
und mir manches Glück
bescheret,
ist und bleibet ewig mein.
Der mich wunderbar geführet
und noch leitet und regieret,
wird forthin mein Helfer sein.

Nürnberg 1676

2. Juli

Gesegnet sei der lachende Mund
und das fröhlich blitzende Auge!
Gesegnet seien sie,
die Traurige erfreuen,
Verärgerte zum Lachen bringen,
Verstörte aufwecken
und auf das Gesicht des Ergrimmten ein Lächeln zaubern.
Dank sei Gott für die Gabe des Lachens.

3. Juli

An mein Kind

Dir will ich meines Liebsten Augen geben
Und seiner Seele flammenreines Glühn.
Ein Träumer wirst du sein und dennoch kühn
Verschlossne Tore aus den Angeln heben.

Wirst ausziehn, das gelobte Glück zu schmieden.
Dein Weg sei frei. Denn aller Weisheit Schluss
Bleibt doch zuletzt, dass jedermann hienieden
All seine Fehler selbst begehen muss.

Ich kann vor keinem Abgrund dich bewahren,
Hoch in die Wolken hängte Gott den Kranz.
Nur eines nimm von dem, was ich erfahren:
Wer du auch seist, nur eines – sei es ganz!

Du bist, vergiss es nicht, von jenem Baume,
Der ewig zweigte und nie Wurzeln schlug.
Der Freiheit Fackel leuchtet uns im Traume –
Bewahr den Tropfen Öl im alten Krug!

Mascha Kaléko, 1907–1975

Sei glücklich

Michelangelo di Buonarroti, 1475–1564 Rut und Obed (Ausschnitt)

4. Juli

Segen sei mit dir,
der Segen des Sommerregens.
Der köstliche, sanfte Regen
ströme auf dich herab.
Dein Weg sei gesäumt von Grün
und von duftenden Blumen,
wohin du auch kommst.

Der große Regen möge deinen Geist erfrischen,
dass er rein und glatt wird wie ein See,
in dem sich das Blau des Himmels spiegelt
und manchmal ein Stern.

Irischer Segenswunsch

5. Juli

Mögest du daheim sein

in den geheimen Kammern deiner Seele.

Mögest du deine Traumgebirge kennen

und die Höhlen deines tiefsten Kummers.

Mögest du die Türme deiner Sehnsucht ersteigen

und die kleinen Blumen der Hoffnung in deinem Herzen hegen.

Mögest du die Gewissheit haben,

dass das Reich deiner Phantasie dir allein gehört

und die Engel Gottes gerne drin spazierengehn.

6. Juli

Gott segne dein Werden und Suchen.

Er sende dir Menschen auf den Weg,

an denen du dich orientieren und an denen du wachsen kannst.

Gott segne deine Begeisterung für sie,

und er lehre dich auch, alle Vorbilder wieder zu lassen,

um dein ureigenstes Wesen, deinen inneren Meister, zu finden.

Gott gebe dir die Bereitschaft, dich zu wandeln,

und ein Spiegel zu werden seines heiligen Geistes.

7. Juli

Gott gebe dir Augen,

denen tausend Lichter aufgehen,

und er gebe dir Hände,

die immer wieder einmal den Schleier

aufzuheben vermögen, der du selbst bist,

damit du zu schauen vermagst

das große Leuchten im Inneren der Welt.

8. Juli

Gott hat dich gesegnet, bevor du warst,
er hat dir dein Dasein beschieden.
Sein Segen ist eine süße Last,
denn du musst, was er dir gab, hüten.
Du trägst Verantwortung für die Flamme,
die er in dir entzündet hat,
bist Träger einer heiligen Gabe.
Und keine Verantwortung ist wichtiger als die,
dass du die Leihgabe Gottes,
die innere Flamme,
mit dem Sauerstoff deines Lebens nährst.

9. Juli

Jedem unserer Kinder sollte man sagen:

Weißt du, was du bist? Du bist ein Wunder!

Du bist einmalig!

Auf der ganzen Welt gibt es kein zweites Kind,

das genauso ist wie du,

und Millionen von Jahren sind vergangen,

ohne dass es je ein Kind gegeben hätte wie dich.

Schau deinen Körper an, welch ein Wunder!

Deine Beine, deine Arme,

deine geschickten Finger, deinen Gang.

Aus dir kann ein Shakespeare werden,

ein Michelangelo, ein Beethoven.

Es gibt nichts, was du nicht werden könntest.

Jawohl, du bist ein Wunder.

Pablo Casals, 1876–1973

10. Juli

Gottes Segen sei über dir.

Breite deine Arme aus und öffne sie nach oben,

hebe dein Gesicht dem Lichte zu,

mach aus deinem Herzen eine große Schale,

die wie Silber ist und leer.

Stehst du atmend so und voll Vertrauen,

wirst du spüren, wie dich Licht durchströmt,

goldenes Licht aus jenem Krug der Gnade,

den Gott reichlich ausgießt jedem,

der sich einfach hinhält, um gefüllt zu werden.

Ave Maria

Peter Paul Rubens, 1577-1640 Marienkrönung (Ausschnitt)

11. Juli

In der Stille beginnst du zu lauschen,
in der Stille vernimmst du ein Rauschen,
einen betörenden Klang.
Dies ist der Atem des Segens,
den Gott dir auf allen Wegen
freigebig schenkt.
Darum, ob spät oder früh,
geh in die Stille ein, lasse das Sorgen sein,
atme und nimm.

12. Juli

Eine Reise wünsch ich dir
in die große, weite Welt,
wo die Erde dir wie mir
alle Hände offenhält;
dass du einmal alles ließest,
was dich drängt und was dich drückt
und von Herzen nur genießest,
was so wundersam beglückt.

Eine Reise wünsch ich dir
bis ans Ende dieser Welt,
wo an einer lichten Tür
sich der Himmel offenhält.

Georg Thurmair, 1909–1984

13. Juli

Gott schenke dir ein Ohr

so groß wie eine Antenne, die den Himmel belauscht,

ein Herz, so weit wie der Stille Ozean,

Hände, so groß, dass sie die Erde umspannen,

eine Seele, so unendlich wie das Universum,

damit du ein ganz klein wenig von dem

hören, aufnehmen und begreifen kannst,

was Gott an Segen für dich bereit hält.

14. Juli

Gott möge dich mit seinem Segen einhüllen.

Bist du müde, gebe er dir einen guten Schlaf.

Bist du am Ende mit deinem Können,

möge er tun und raten und vollenden.

Ist deine Liebesfähigkeit zu gering,

möge er in dich gießen einen Krug voll aus dem Ozean seiner Liebe.

Möge die Scham über deine Schwäche

dir zum Quellort werden, aus dem dir Gottes Segen zuströmt.

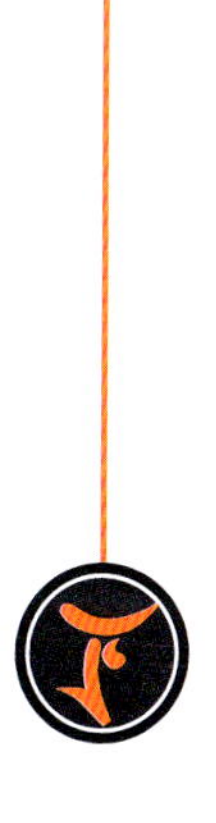

15. Juli

Gott gebe dir ein tapferes Herz.
Er zeige dir dein Ziel
und gebe dir die Kraft, darauf zuzugehen,
auch wenn die Straßen schlecht sind.
Er zeige dir, wie weit deine Freiheit reicht,
sodass du viel wagen kannst, selbst ein Scheitern.
Gott ermutige dich zu deinem Lebensabenteuer
und gebe dir die Zuversicht, dass er dir fasziniert zuschaut.
Gottes Segen geleite dich, bis du nach langer Fahrt
zu ihm zurückkehrst.

16. Juli

Segne den Stein,

segne das Meer,

segne den atmenden Wind.

Segne das Blühen um dich her,

segne in dir das Kind.

17. Juli

Fürchte dich nicht,
denn ich bin mit dir!
Blicke nicht ängstlich,
denn ich bin dein Gott!
Ich mache dich stark,
ja ich helfe dir;
ich halte dich bei meiner
sieghaften Rechten.

Nach Jesaja 41,10

Herzliche Anteilnahme

Jan Joest, 1460-1519, Die Erweckung des Lazarus — Jesus und Martha (Ausschnitt)

18. Juli

Gott sende dir Freunde auf deinen Lebensweg,
geistige Gefährten.
Er gebe dir gute Stunden des Gesprächs mit ihnen,
das beglückende Gefühl beim Austausch
von Erfahrungen und Erkenntnissen.
Er gebe dir die Gabe, von deinem geistigen Wesen
anderen mitzuteilen
und als Kostbarkeit wahrzunehmen,
was du von ihnen bekommst.

19. Juli

Mögest du das Vertrauen anderer genießen,
mögen sie dich schätzen statt fürchten,
dich suchen statt meiden,
deine Vorschläge annehmen statt in den Wind schlagen.
Mögest du ihr Vertrauen rechtfertigen,
indem du ihnen mit Achtung begegnest
und ihre eigenen Kräfte weckst.
So bist du ein gesegneter Mensch.

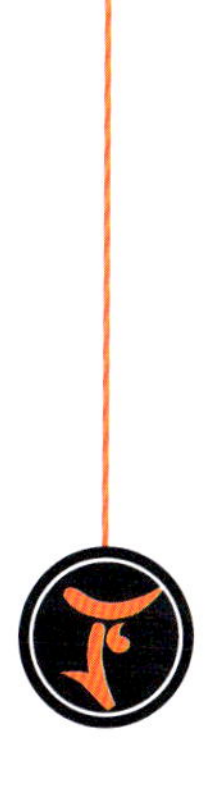

20. Juli

Über einer weiten Landschaft
siehst du eine weiße Wolke stehen.
Leuchtend vor dem blauen Himmel
betet still sie über Feld und Seen.
Gleich einem Engel breitet das Gebilde
seine lichten Flügel aus,
wie ein Segen über deinem Leben,
leitet sie dich freundlich bis nach Haus.

21. Juli

Jakobs Segen:

Der Gott, vor dem meine Väter Abraham und Isaak gewandelt,

der Gott, der mein Hirte gewesen mein Leben lang

bis auf diesen Tag,

und der Engel, der mich aus aller Not erlöst hat:

er segne diese Knaben, dass in ihnen mein Name fortlebe

und der Name meiner Väter Abraham und Isaak,

dass sie wachsen und zahlreich werden auf Erden.

1. Mose 48,15-16

22. Juli

Gesegnet seien die Tage,

in denen du dich zurückziehst aus der Welt.

Du kehrst zurück in deine Kindertage,

als die Gräser hoch waren und die Tiere nah,

als das Rauschen des Windes in den Bäumen

dir von Geheimnissen erzählte

und das Strömen des Flusses dich in die Ferne zog.

Als du dem Gesang der Vögel lauschtest

und dem Summen der Bienen.

Da hat deine Seele den Saum des Geistes berührt,

und wenn du dieses Lauschen in der Stille wieder findest,

bist du gesegnet,

wirst du eins mit dir, mit Gott und seiner Erde.

Willkommen daheim

Geertgen tot Sint Jans, 15. Jh. Johannes der Täufer in der Einöde (Ausschnitt)

23. Juli

Gott möge deine Worte segnen,

und ganz besonders die, die du aus Liebe sagst.

Spare nicht mit Worten der Liebe,

scheue dich nicht, es dem anderen immer wieder zu sagen,

dass du ihn lieb hast.

Er braucht es wie du,

und auch starke Menschen hungern

nach diesem einen und einzigen Wort,

das dem Menschen gegeben ist,

um Gottes Segen weiterzugeben:

Ich liebe dich, ich bin dir gut, du bist mir wert.

24. Juli

Gott schenke dir ein Lächeln heute,

er gebe dir ein fröhlich Herz,

und dass du alle, alle Leute,

die du heut triffst, mit Frohsinn ansteckst.

Denn Gottes Segen steckt in deiner Freude,

sie ist der Kraftquell, der dein Leben nährt.

Je mehr du gibst, je mehr kommt zu dir zurück.

Drum freue dich und werde so zum Segen.

25. Juli

Selig, die hungern und dürsten
nach Gerechtigkeit,
sie sollen satt werden.

Matthäus 5,6

Es gibt keine weißen
Stellen mehr
auf der Landkarte der Welt.
Das einzige fremde Land
liegt in der Seele
eines jeden von uns
und in dem Abstand zwischen
dir und mir.
Wirst du mich suchen gehen
und mir erlauben,
dich zu finden?

Ulrich Schaffer, * 1942

26. Juli

Unser Gott gebe dir Frieden,

das Wohl des Leibes und das Wohl der Seele,

Liebe und Glück.

Amen.

So will es Gott, der von Ewigkeit zu Ewigkeit bleibt.

So steht es fest nach seinem Willen für dich.

Jörg Zink, *1922

27. Juli

Er gebe uns ein fröhlich Herz,
erfrische Geist und Sinn
und werf all Angst, Furcht,
Sorg und Schmerz
in Meerestiefen hin.

Paul Gerhardt, 1607–1676

Ich liebe dich

Martin Schongauer, 1435–1491 Maria im Rosenhag

28. Juli

Und wenn der Mensch in seiner Qual versinkt,

gab mir ein Gott zu sagen, was ich leide.

Johann Wolfgang Goethe, 1749–1832

Du kannst anderen die Trauer nicht nehmen,

ihre Schmerzen nicht wegwischen,

aber eines vermagst du: ihre Einsamkeit zu lindern.

Denn das Gespräch ist etwas, das uns Menschen immer bleibt.

Das Zuhören und Dableiben ist ein großer Segen,

den wir einander spenden.

29. Juli

Meine nicht, du seist zu schwach zum Helfen
und dein Können sei doch viel zu klein.
Wenn du anfängst, deine Möglichkeiten einzusetzen,
stellt sich oft die Hilfe anderer dazu ein.
Und als hättest du ein unbekanntes Reservoir erschlossen,
wächst weiter, was du klein begonnen hast,
denn die ewige Liebe selbst beginnt zu fließen,
wo du dich zum Kanal machst für mehr Menschlichkeit.

30. Juli

Deine Wege mögen dich aufwärts führen,
freundliches Wetter begleite deinen Schritt
und Wind stärke dir den Rücken.
Und mögest du längst im Himmel sein,
wenn der Teufel merkt, dass du fort bist.

Irischer Segenswunsch

31. Juli

Laute und zänkische

Menschen meide.

Sie sind eine Plage

für dein Gemüt.

Lebensregel von Baltimore

Ich bin der Segen, der wie Wasser quillt,
der alles Leben nährt und es von innen formt.
Wo ich bin, da ist Wachstum und Gedeihn,
das saftig, frisch und schön
die ganze Pracht der Erde rings entfaltet.
Ich bin das Wasser, das in deiner Seele wohnt,
wo jung und unverwelkt das reine Bild von dir
auftaucht aus jenem tiefen Brunnen,
der aus der Gottheit selbst entsprungen.
Ich liebe dich und nähre, gebe immer zu,
und du lebst aus der göttlich-frischen Quelle,
die ich dir gebe, Well auf Welle.

Christus:
Wer von dem Wasser trinkt, das ich ihm gebe,
wird nie wieder Durst haben, sondern das Wasser,
das ich gebe, wird in ihm zur sprudelnden Quelle
und gibt ihm ewiges Leben.

Nach Johannes 4,14

August

Aus der Fülle nehmen

1. August

Du bist gesegnet mit allem, was du besitzt.
Mit dem Wasser zum Trinken und Duschen,
mit dem Strom aus der Steckdose,
mit deiner Wohnung und allem, was darin ist,
mit deiner Arbeit und deinen Urlauben,
mit deinen Begabungen und Erfolgen.
Gewiss hast du viel dafür getan,
aber es sind doch alles Gaben Gottes,
dir verliehen und geliehen.
Geh dankbar mit allem um,
dann spürst du den Segen darin.

2. August

Mögest du dein Leben spielerisch angehen.
Mögest du innewerden,
dass es weniger auf deine Erfolge ankommt,
als darauf, mit wieviel Freude,
mit wieviel Liebe, mit wieviel Freundlichkeit
du deine Aufgaben löst
und mit den Menschen umgehst,
die dir dabei begegnen.
Das zählt am Ende deines Lebens,
und dort findest du den Segen,
der auf dir und deinem Tun gelegen.

3. August

Ich wünsche dir, dass du dir die kleinen
und die großen Freuden nicht versagst,
die kleinen und die großen Abenteuer nicht verbietest,
die Gelegenheit zu lieben und geliebt zu werden nicht versäumst.
Denn ungelebtes Leben lastet am Ende wie ein Fluch.
Was du aber riskiert hast – sei es gut gegangen
oder habe es schmerzvoll geendet –,
gibt dir am Ende das Gefühl,
wirklich lebendig gewesen zu sein,
und das wirkt am Ende deiner Tage
wie ein Segen.

4. August

Mögest du, je länger du lebst,

immer heiterer werden.

Mögest du lernen,

über deine eigenen Dummheiten und Irrwege zu lachen

und dir selbst zu verzeihen.

Mögest du die Abgründe deiner Scham und Schuld

leichten Fußes überschreiten

auf deinem Weg in den Himmel,

wo du willkommen geheißen wirst.

5. August

Gott segne dich.

Er salbe dich zum Priester, zur Priesterin

und schenke dir dazu Wohlwollen mit allen Menschen.

Er lasse dich milde werden,

sodass du dich anderen mit Freundlichkeit zuwendest,

sie gewähren lässt und dich an ihnen freust.

Er öffne dich für den Strom seines Geistes,

sodass sein Segen durch dich ausgeteilt wird

und du guten und helfenden Kräften den Weg bereitest.

Ich helfe dir

Rembrandt van Rijn, 1606-1669, Das Hundertguldenblatt — Christus (Ausschnitt)

6. August

Gott segne dich.

Er begleite dich, wenn dir dein Dasein ein Rätsel ist,
er sei mit dir, wenn dir Gefahren begegnen,
er sei an deiner Seite, wenn du vor Problemen stehst.
Er tröste dich, wenn du deine Illusionen verlierst
und den Schmerz des Aufwachens erfährst.
Er öffne deine Augen für das Größere,
das er für dich vorgesehen hat,
und zeige dir, wieviel er dir zutraut.

7. August

Segen sei mit dir,

der Segen der guten, fruchtbaren Erde.

Weich sei sie, wenn du auf ihr ruhst,

müde, am Ende des Tages,

und leicht ruhe die Erde auf dir

am Ende deines Lebens,

damit du sie leicht abschütteln kannst

und auf und davon schreitest

auf deinem Weg zu Gott.

Irischer Segenswunsch

8. August

Ich wünsche dir,

dass du Eros als göttliche Energie erlebst.

Dass du dich seinem Zauber öffnest,

seiner Innigkeit, seiner Schönheit

und die Freude erfährst, die nur er erschließt.

Ich wünsche dir, dass der Eros dich belebt,

deine seelische und geistige Energie weckt

und das Strömen deiner Kreativität.

Ich wünsche dir, dass du mit der Kraft des Eros

deinen Kleinmut besiegst und die Welt verzauberst.

Ich wünsche dir den Rausch dessen,

der trunken ist von Schönheit.

9. August

Gott bereite dir die Gipfelerlebnisse der Ekstase,
er erhebe dein Bewusstsein aus dem Alltag,
schenke dir so viele Visionen und Auditionen,
wie dein Geist zu fassen vermag.
Er sende dir das messianische Licht,
das dich selbst und die ganze Welt
in den Horizont der Erlösung rückt.
Er sende dir die Blitze des Erkennens,
die dein ganzes weiteres Leben überstrahlen
und dir seinen Sinn erhellen.

10. August

Mögest du Sinn haben für das Wunderbare.

Möge dein Herz die Oberhand gewinnen

über deinen Verstand,

damit du an den Rändern der sichtbaren Wirklichkeit

die göttliche Wirklichkeit durchblitzen siehst,

die in allem lebt und webt

und dein Leben mit grenzenloser Liebe segnet.

11. August

Gott lasse seinen Geist auf dich regnen.

Er zeige dir, wie der Geist von oben nach unten drängt,

vom Himmel auf die Erde,

wie er dich durchpulsen will,

um sich gerade auch in dir zu verwirklichen.

Gott lenke deinen Sinn weg von dem Streben nach Höherem

und lehre dich die Liebe zum Leiblichen,

in dem er atmen will.

12. August

Gott verleihe dir einen gesunden Geist,
einen Geist, der in zwei Welten zu Hause ist,
in der irdischen hier und in der ewigen dort.
Denn seelisch und geistig gesund kannst du nur sein,
wenn du Bürger beider Welten bist
und zugleich beide wohl unterscheidest.

13. August

Er lasse seinen Frieden ruhn
auf unserm Volk und Land;
er gebe Glück zu unserm Tun
und Heil zu allem Stand.

Er lasse seine Lieb und Güt
um, bei und mit uns gehen,
was aber ängstet und bemüht,
gar ferne von uns stehn.

Paul Gerhardt, 1607–1676

14. August

Gott segne dich und halte dir den Rücken frei,
damit du dich mit vollem Einsatz
und ohne ein Risiko zu scheuen
den Aufgaben und Menschen widmen kannst,
die deine Aufmerksamkeit und Liebe brauchen.
Gott halte dir den Rücken frei,
sodass du weißt: Für mich ist gesorgt,
und selbst wenn ich umkomme,
fängt er mich auf.

15. August

Gott wende dir sein leuchtendes Angesicht zu,

sodass du ihn wahrnimmst in allem,

was dir begegnet: in anderen Menschen,

in der Natur, in der Geschichte.

Sodass du seinen Segen entdeckst

als das Licht, das alles hervorbringt und erhält,

und als die Energie, die in dir und allen Menschen

weiter schafft und lockt und in eine Zukunft treibt,

die noch nicht erschienen ist,

aber aus nichts anderem als dem Licht Gottes geformt sein wird.

16. August

Gott erleuchte dein Herz,
damit du nicht erschrickst vor dem Bösen,
sondern Unrecht mit Geduld erträgst.
Damit du von der Gewissheit durchdrungen bist,
dass etwas Größeres, Strahlendes,
eine liebevolle Macht aufleuchtet
jenseits aller Schrecken der Geschichte,
heilend und mit Sinn erfüllend,
der Ursegen Gottes für seine Schöpfung.

17. August

Gott gebe dir Frieden mitten in den Stürmen des Lebens.

Ich wünsche dir nicht, dass du unbehindert durchs Leben kommst –

Jakob hinkte, nachdem er den Segen errungen hatte.

Ich wünsche dir nicht, dass du unverletzt bleibst,

denn wie der Auferstandene die Wundmale vom Kreuz trug,

so erwartet auch dich ein erlöstes Sein,

in dem die Narben aus diesem Leben dein Ausweis sind.

Da du aus Gott kommst,

kehrst du auch zu ihm zurück,

unverletzt, unzerstört,

aber bereichert um Erfahrungen,

die nur in diesem Leben zu machen sind.

18. August

Die wesentlichen Dinge
des Lebens
kommen nicht aus uns selbst,
sondern auf uns zu.

Ich bin dein Freund

Duccio di Buoninsegna, 1255-1319, Maestà	Erscheinung auf dem Berg (Ausschnitt)

19. August

Gott segne dich.

Er erhalte deine Neugier,

gerade an dunklen Tagen.

Denn immer hat Gott etwas mit dir vor,

auch wenn du es manchmal nicht verstehst.

Wenn du neugierig bist,

siehst du und hörst du besser

und wirst den Wink des Schicksals wahrnehmen,

der dich auf einen neuen Weg lenkt.

Freue dich, so gehst du dem Segen entgegen,

den Gott dir zugedacht hat,

darum bleibe neugierig bis an dein Ende.

20. August

Mögest du immer die Lücke entdecken,
die auch eine aussichtslose Lage hat,
die Lücke, durch die ein Strahl Gottes bricht
und auf die du zugehen kannst
in die Freiheit.
Denn der Segen Gottes ist kein Lückenbüßer
für dein Unvermögen,
sondern der Lückenbrecher,
durch den ein Engel zu dir kommt.

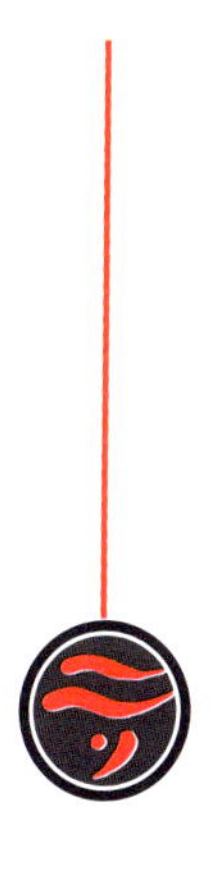

21. August

Ich wünsche dir,

dass du das Fragmentarische ehrst.

Deine Anfänge, die du nicht vollenden konntest,

Begegnungen, die zu rasch endeten,

begonnene Werke, die dir unter der Hand zerbrachen.

Mögest du sie nicht beklagen,

sondern gelassen betrachten,

denn Gottes Segen kann etwas Ganzes daraus werden lassen.

22. August

Möge Gott auf dem Weg, den du vor dir hast,

vor dir hergehen.

Das ist mein Wunsch für deine Lebensreise,

Mögest du die hellen Fußstapfen des Glücks finden

und ihnen auf dem ganzen Weg folgen.

Irischer Segenswunsch

23. August

Es gibt nichts Besseres,

als dass du fröhlich bist bei deiner Arbeit.

Dass du essen und trinken

und dich ein wenig freuen kannst

bei aller Mühe des Tages,

auch das ist ein Segen von Gott.

Nach Prediger 3,12-13

24. August

Mögest du singen und musizieren

dein Leben lang.

Denn die Musik ist der größte Segen,

den ein Mensch erleben kann in diesem Leben.

Sie regt deinen Geist an,

sie heilt deine Seele,

sie macht dein Herz fröhlich.

Mit der Musik wandelst du zwischen Sternen

und tanzt mit der Erde.

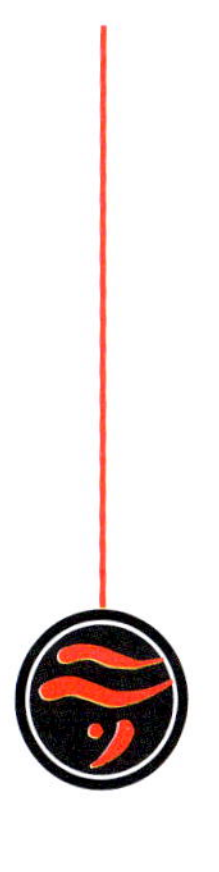

25. August

Mögest du niemals das Wünschen aufgeben.

Mögest du nie nachlassen,

dir das Bessere vorzustellen

und es in deiner Phantasie auszumalen.

In das Gefäß deiner Wünsche

strömt Gottes Segen ein.

Bete und vertraue darauf,

dass der Himmel dir gibt,

was du reinen Herzens ersehnst.

Gute Besserung

Evangeliar Ottos III. Die Heilung der gekrümmten Frau (Ausschnitt)

26. August

Ich wünsche dir, dass du nicht zu träge bist,

die Gelegenheit beim Schopf zu ergreifen.

Die Griechen nannten den kleinen Gott der Gelegenheit

Kairos, und er hatte einen Schopf an der Stirn.

Du brauchst dich nicht am eigenen Schopf

aus dem Sumpf zu ziehen,

Gott bietet dir immer wieder seinen Schopf an,

du brauchst nur zuzugreifen.

Und das wirst du können.

27. August

Unsern Ausgang segne Gott,
unsern Eingang gleichermaßen,
segne unser täglich Brot,
segne unser Tun und Lassen,
segne uns mit sel'gem Sterben
und mach uns zu Himmelserben.

Hartmann Schenck, 1634–1681, nach Psalm 121,8

28. August

Er segnet, wenn du kommst und gehst;
er segnet, was du planst.
Er weiß auch, dass du's nicht verstehst
und oft nicht einmal ahnst.

Und dennoch bleibt er ohn' Verdruß
zum Segnen stets bereit,
gibt auch des Regens milden Fluß,
wenn Regen an der Zeit.

Sein guter Schatz ist aufgetan,
des Himmels ewiges Reich.
Zu segnen hebt er täglich an
und bleibt sich immer gleich.

Jochen Klepper, 1903–1942

29. August

Gott lasse dich genießen
die Sonnenaufgänge und die Sonnenuntergänge,
das erfrischende Gewitter
und den sanften Regen,
die Berge und Seen,
das Meer und die Vollmondnächte,
die Dämmerung und den Sternenhimmel.
Er gebe dir zu deinem Entzücken
über die sichtbare Welt
die Ahnung von einer unsichtbaren,
die durch sie hindurchscheint –
den Segen seines Angesichts,
das auch dir leuchtet.

30. August

Ich wünsche dir einen Vogel,
der bei Nacht singt.
Ich wünsche dir,
dass in dir immer wieder die Melodie aufklingt,
dass die Welt es gut meint mit dir,
und das Universum freundlich ist.
Ich wünsche dir das Urvertrauen,
das dich von Geburt an ins Leben gerufen hat
und dich durch alle Nächte hindurchträgt.

31. August

Mögest du beim Rückblick

auf deine vergangenen Jahre erkennen,

dass eine geheime Macht dich gelenkt hat –

besser, als du es selbst vermocht hättest.

Wenn dein Vorhaben nicht verwirklicht,

deine Sehnsucht nicht erfüllt wurde,

ist dein Leben doch viel besser und spannender verlaufen

als du es dir hättest ausdenken können.

Mögest du aus dieser Einsicht das Vertrauen gewinnen,

dass eine segnende Macht auch heute und morgen weiß,

wie es mit dir weitergehen soll.

Ich bin der Segen, der das Leben ist.
Ein Netz, so fein aus Licht gesponnen,
dass niemand es erblickt,
obwohl es alles trägt und alles in sich birgt.
Denn alles was sich regt im Universum,
gehorcht dem Klang, der mein Gewebe bildet.
Du bist ein Teil davon,
ein edler Ton der großen Melodie des Lebens.
Drum fürchte nichts, ich bin in dir und halte dich.
Und glücklich, wer im Urvertrauen gründet,
das Pflanze, Tier und Kinder wie die Sterne droben
mit mir und meiner Weisheit eng verbindet.

Christus:

Ich preise dich, Herr des Himmels und der Erde,
dass du dies vor Weisen und Verständigen verborgen
und es Kindern offenbart hast.

Matthäus 11,25

September

Danken belebt

1. September

Nimm die Zahl deiner Jahre
mit Freundlichkeit an
und gib deine Jugend
mit Anmut zurück,
wenn sie endet.

Lebensregel von Baltimore

2. September

Mein Wunsch für dich ist,

dass dir immer wieder etwas Schönes einfällt

und du etwas Gutes daraus machst.

Und dass du dem Himmel dankst dafür.

Denn wer hat wohl deinen Geist geöffnet,

und welcher lichte Engel ward zu dir gesandt?

Du weißt es nicht, doch wenn du dankst,

wird deine Seele heller

und gute Einfälle kommen schneller.

3. September

Wie Regen und Schnee vom Himmel fallen
und nicht wieder dorthin zurückkehren,
sondern die Erde befeuchten und sie fruchtbar machen,
sodass sie Samen gibt zur Saat und Brot zum Essen,
so soll das Wort, das von mir kommt, auch sein:
Es wird nicht vergebens verhallen,
sondern bewirken, was ich will,
und in dir zum Wachsen bringen, wozu ich es sende.

Nach Jesaja 55,10.11

4. September

Gott, du Schale voll lebendigen Wassers, erfrische uns.

Gott, du Schale voll reifer Früchte, ernähre uns.

Gott, du Schale voll würzigen Brotes, stärke uns.

Gott, du Schale voll hellen Lichtes, erleuchte uns.

Gott, du Schale voll brennenden Feuers, erwärme uns.

Gott, du Schale voll edler Steine, bereichere uns.

Gott, du Schale voll tiefroten Weines, durchblute uns.

Gott, du Schale voll duftender Kräuter, erde uns.

Gott, du Schale voll heilenden Öles, salbe uns.

Gott, du Schale voll guter Erde, bedecke uns.

Hanne Strack, * 1935

5. September

Möge freundlicher Sinn
glänzen in deinen Augen,
anmutig und edel
wie die Sonne,
die, aus den Nebeln steigend,
die ruhige See wärmt.

Irischer Segenswunsch

6. September

Möge uns auch diese Speise
stärken auf der Lebensreise,
mög sie werden gutes Sinnen,
wahres Reden und Beginnen,
Kraft im Glücke
und im Schmerz,
wache Seele, frohes Herz,
dass wir alle unsre Zeit
leben in der Ewigkeit.

Altes Tischgebet

7. September

Gott segne dich.

Mögest du erfahren, dass er dich findet,

wenn du dich selbst aufgegeben hast.

Mögest du erleben, wie er dich küsst,

wenn du glaubst, dass niemand dich liebt.

Mögest du erfahren, dass er nach dir sucht,

wenn du ganz grau geworden und im Dunkeln liegst.

Mögest du seine Stimme hören,

wenn Lärm dich betäubt hat,

mögest du seine heilende Hand auf deiner Schulter spüren,

wenn du neue Kraft brauchst.

Ich reiche dir die Hand

Evangeliar der Hitda von Meschede, um 1000–1020

Die Heilung des Mannes mit der verdorrten Hand (Ausschnitt)

8. September

Er sendet Tau und Regen
und Sonn- und Mondenschein,
er wickelt seinen Segen
gar zart und künstlich ein
und bringt ihn dann behende
in unser Feld und Brot;
es geht durch unsre Hände,
kommt aber her von Gott.

Er lässt die Sonn aufgehen,
er stellt des Mondes Lauf;
er lässt die Winde wehen
und tut den Himmel auf.
Er schenkt uns so viel Freude,
er macht uns frisch und rot;
Er gibt den Kühen Weide
und unsern Kindern Brot.

Matthias Claudius, 1740–1815

9. September

Mögest du immer einen Ort wissen,
zu dem du heimkehren kannst.
Mögest du immer einen Menschen haben,
der dich erwartet und für dich den Tisch deckt.
Mögest du immer einen Freund haben,
der dir zuhört und dich versteht.
Und wenn dir das alles fehlt,
mögest du wissen, dass Gott
dir Heimat und Mutter und Freund ist
und dich segnend in die Arme schließt.

10. September

Möge meine Liebe zu dir dich wie ein Engel umgeben,

dich schützen, wenn du in Gefahr bist,

dich aufrichten, wenn du Kummer hast,

dir ein Lied singen, wenn du Aufmunterung brauchst.

Möge sie dir Inspiration sein bei deinem Tun

und dein Herz erwärmen.

Möge Gott mein Gebet erhören

und dich segnen.

11. September

Nimm dir Zeit zu arbeiten –
das ist der Preis des Erfolges.
Nimm dir Zeit zu denken –
das ist die Quelle der Macht.

Lebensregel von Baltimore

12. September

Du wirst dein herrlich Werk vollenden,
der du der Welten Heil und Richter bist;
du wirst der Menschheit Jammer wenden,
so dunkel jetzt dein Weg, o Heilger, ist.
Drum hört der Glaub nie auf, zu dir zu flehn;
du tust doch über Bitten und Verstehn.

Karl Heinrich von Bogatzky, 1690–1774, Albert Knapp, 1798–1864

13. September

Ich wünsche dir,

dass Gott dir seinen Geist sendet.

Damit du gute Einfälle hast,

damit du dein Licht leuchten lässt

und Freude austeilst an die Menschen um dich her.

Ich wünsche dir, dass Gott dein Charisma erhält

und dass sein Segen ruht auf deinem Tun.

14. September

Ich bin der wahre Weinstock,

ihr seid die Reben.

Bleibet in mir und ich in euch.

Wie die Rebe nicht von sich aus Frucht tragen kann,

wenn sie nicht am Weinstock bleibt,

so auch ihr nicht, wenn ihr nicht in mir bleibt.

Wer in mir bleibt und ich in ihm,

der bringt viel Frucht;

denn ohne mich könnt ihr nichts tun.

Nach Johannes 15,1-5

Du bist herzlich eingeladen

Codex aureus, Echternach, 1020-1030

Die wunderbare Speisung (Ausschnitt)

15. September

Möge Gott dir immer geben, was du brauchst:
Arbeit für deine fleißigen Hände,
Nahrung für deinen hungrigen Leib,
Antworten für deinen fragenden Geist,
Freude und Liebe für dein warmes Herz
und Frieden für deine suchende Seele.

Irischer Segenswunsch

16. September

Segen sei mit dir,
der Segen
des strahlenden Lichts.
Sonnenschein leuchte dir
und erwärme dein Herz,
bis es zu glühen beginnt
und die anderen kommen,
um sich an dir zu erwärmen.

Irischer Segenswunsch

17. September

Wen du auch triffst und wem du auch begegnest,
du bist von Gott zu ihm gesandt.
Er hat dir einen Auftrag für ihn mitgegeben,
auch wenn dir das gar nicht bekannt.
Doch wenn du ein freundliches Lächeln,
einen guten Gedanken und einen Gruß für ihn hast,
dann bist du ein Engel für ihn gewesen,
der Segen von Gott überbracht.

18. September

Gott, der Schöpfer der Welt, segne dich.

Gott, der starke Held, schütze dich.

Gott, die Quelle des Lichts, gebe dir ein frohes Herz.

Gott, der Barmherzige, sei dir liebevoll zugewandt.

Gott, der Wissende, lasse dich erkennen, dass du wertvoll bist.

Gott, der Erlöser, erfülle dich mit Vertrauen und Frieden.

19. September

Es geht von dir ein Segen aus,

von dem du selbst nicht weißt.

Ein Wort von dir, ein Blick, ein Händedruck,

ein Lächeln oder eine kleine Geste der Hilfe –

du hast sie längst vergessen –

haben einem anderen Licht gebracht,

ihn aufgerichtet, ihm den Weg gewiesen.

Du warst das Instrument,

ein Engel Gottes hat durch dich gewirkt.

Drum denke nie, dein Dasein sei vergebens.

Was durch dich geschah, hat eines andern Menschen Herz erreicht,

und im Himmel ist es alles aufgehoben.

20. September

Nimm dir Zeit,

dich umzusehen –

der Tag ist zu kurz,

um selbstsüchtig zu sein.

Nimm dir Zeit zu lachen –

das ist die Musik der Seele.

Lebensregel von Baltimore

21. September

Das Brot Gottes ist das,
welches aus dem Himmel
herabkommt
und der Welt Leben gibt.

Johannes 6,33

Er gibet Speise
reichlich und überall
nach Vaters Weise
sättigt er allzumal;
er schaffet frühn und
späten Regen,
füllet uns alle
mit seinem Segen.

Matthäus Apelles von Löwenstein,
1594–1648

Lass es dir gut gehen

Ravenna, San Apollinare Nuovo, 520-526

Die wunderbare Speisung

22. September

Alles Begegnen ist Gnade,

alles Gelingen,

und dass du füllst deine Tage

mit lebendigen Dingen.

23. September

Gesegnet ist, wer sich auf Gott verlässt
und sein Vertrauen in ihn setzt.
Er ist wie ein Baum, der am Wasser steht
und dessen Wurzeln sich zum Bach hinstrecken.
Hitze und Trockenheit braucht er nicht zu fürchten,
seine Blätter bleiben grün.
Auch Zeiten der Dürre können ihm nichts anhaben,
er trägt Jahr für Jahr Früchte.

Nach Jeremia 17,7-8

24. September

Willst du von dem Segen weitergeben,
den du selbst so oft und reich gespürt,
strahle ihn nur aus auf die, die dich umgeben,
gib von deiner Freude,
gib von deiner Liebe, deiner Kraft.
Nichts geht dir dadurch verloren,
denn was du so freigebig verschenkst,
strömt dir umso reicher zu von oben,
von dem Geber aller Gaben, dem du alles dankst.

25. September

Wenn du dich selbst mit anderen vergleichst,

werden Eitelkeit und Bitterkeit dich besuchen.

Denke daran: Es wird immer

größere und geringere Menschen geben als dich.

Lebensregel von Baltimore

26. September

Mögest du immer das richtige Wort finden,

um einen andern zu loben.

Lobst du dein Kind, wird es gedeihen,

lobst du deinen Freund, wird er sich freuen,

lobst du den Liebsten,

wird er dich noch inniger lieben,

lobst du deine Schüler, werden sie besser lernen,

lobst du deine Mitarbeiter, werden sie sich für dich einsetzen.

Dein Lob ist ein Segen, der alles um dich belebt,

im Loben hat Gott Segenskraft in deine Worte gelegt.

27. September

Gott segne dich.

Deine Worte seien sanftmütig
wie ein lauer Sommerabend,
deine Augen mögen
so freundlich glänzen
wie die Sonne am Morgen,
dein Lächeln sei erfrischend
wie glitzernder Tau,
dein Sinn sei so heiter und hell
wie ein Bergsee
an klaren Tagen.

28. September

Deine Liebe ist gesegnet,
Gott hat dir
ein kleines Kind geschenkt.
Seine ganze Schöpferfülle
hat er in dich eingesenkt.
Du in Gott, und Gott in dir,
so ist dieses Kind geworden.
Fühle wie sein
Schöpfungsmorgen
sich in deinen Arm gelegt.

Gott behüte dich

Frank W. Topham, 1838–1924 Hanna mit Samuel bei Eli (Ausschnitt)

29. September

Herr, lass mich trachten,

nicht, dass ich getröstet werde, sondern dass ich tröste,

nicht, dass ich verstanden werde, sondern dass ich verstehe,

nicht, dass ich geliebt werde, sondern dass ich liebe.

Denn wer sich hingibt, der empfängt,

wer sich selbst vergisst, der findet,

wer verzeiht, dem wird verziehen,

und wer stirbt, der erwacht zum ewigen Leben.

Franz von Assisi, 1182–1226, zugeschrieben

30. September

Gott schenke dir allzeit einen guten Schlaf.

Er nehme dir die Sorgen von deinen Schultern,

die Ängste aus deinem Herzen,

den Schmerz aus deinen Gliedern.

Er sende dir gute Träume

und den Frieden der Seele.

Gott bewahre dein Ruhen in der Nacht

und lasse dich aufwachen mit erfrischtem Geist.

Denn sein ist die Ruhe, und aus ihm kommt aller Segen.

Ich bin der Segen, der dich schützt
und alles Böse bannt.
Ich bin der Regenbogen,
der aus Gottes Gnade leuchtet.
Ein Kreis von starken Kräften
und ein Netz von feinen Energien,
die unaufhörlich weben und erhalten,
was Gott von Anfang an ins Leben rief.
Ich bin ein Feld aus Licht, das Form gibt und Gestalt
und das nicht duldet, dass Zerstörung um sich greift.
Denn Gott will dich und alles das erhalten,
was er am Ursprung in das Sein gelegt
und was im Buch des Lebens über deine Seele steht.

Christus:
Fürchtet euch nicht vor denen, die den Leib töten,
die Seele aber nicht töten können.

Matthäus 10,28

Oktober

Hoffnung trägt

1. Oktober

Ich wünsche dir, dass du gesund wirst.

Ich wünsche dir, dass heilende Kraft dich durchdringt

und Genesung wie ein belebender Strom dich durchfließt.

Ich wünsche dir, dass dein Herz froh wird

und dein Geist stark.

Dass trübe Gedanken weichen,

Sorgen und Ängste schwinden.

Ich wünsche dir, dass Lebensmut und Hoffnung dich stärken

und du deinen geheilten Körper

als kostbares Gefäß deines Lebens wieder lieben kannst.

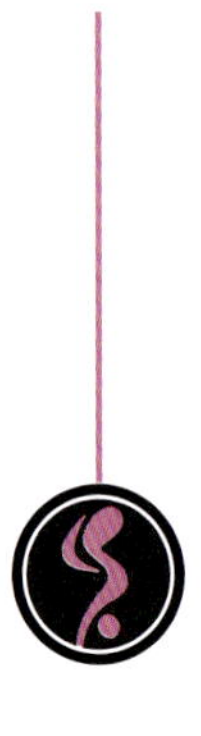

2. Oktober

Möge durch deine Hände Segen fließen,
wenn du dein Kind umhegst,
wenn du mit Liebe umarmst,
wenn du einem Kranken nahe bist,
wenn du einem Freund die Hand drückst,
wenn du begrüßt und Abschied nimmst.
Mögest du wissen, dass du deine Hand erheben kannst,
als sei sie ein Spiegel des Glanzes von Gott.

3. Oktober

Wer hat für dich den Tisch gedeckt

und dir das Essen bereitet,

wer hat dir die Schuhe geputzt

und das Hemd gebügelt,

wer hat deine Sachen aufgeräumt

und dir die Haare gekämmt?

Wer hat dich am Morgen geweckt

und am Abend zu Bett gebracht?

Wer hat um dich geweint

und oft mit dir gelacht?

Wer immer es war, er hat dich gesegnet

und dir den Weg ins Leben geebnet.

4. Oktober

Möge der geliebte Mensch,

von dem der Tod dich trennte,

dir unverlierbar im Gedächtnis bleiben.

Mögest du ihn gehen lassen mit dem Dank dafür,

dass ihr euch begegnet seid.

Möge in dir die Gewissheit wachsen,

dass du ihn wiedersehen wirst – verklärt und ganz im Licht.

Und mögest du innewerden,

dass du eines Tages wieder ganz sein kannst –

bereichert um alles, was er dir gewesen ist.

5. Oktober

Gott segne dich,

und er segne die Stunde deines bewussten Sterbens.

Wenn dein Geist sich schon vom Körper löst

und deine Seele schon im Licht von drüben weilt,

dann ist es dir gegeben, das Zeitliche zu segnen.

Ein gutes Wort von dir wird deine Kinder stärken,

ein letztes Wort kann alten Streit beenden,

ein leises Wort von dir Versöhnung wirken.

Dein Wort hat Macht, es kann vergangnes Unrecht sühnen

und dunkle Geheimnisse aufklären.

Und willst du solche Segensmacht schon jetzt,

bedenke, dass du eines Tages gehst

und sage denen, die dir nahe stehen, schon heute,

dass du ihnen Gutes wünschst und sie liebst.

Gottes Engel geleite dich

Govert Flinck, 1638

Isaak segnet Jakob und seine Kinder

6. Oktober

So legt euch denn, ihr Brüder,
in Gottes Namen nieder;
kalt ist der Abendhauch.
Verschon‘ uns Gott mit Strafen
und lass uns ruhig schlafen.
Und unsern
kranken Nachbarn auch.

Matthias Claudius, 1740–1815

7. Oktober

Gott segne dich.

Er heile deinen Schmerz,

er streiche von der Stirn dir alle bitteren Gedanken,

und deines Herzens Klagen

decke er mit dem Mantel seiner Liebe zu.

Er lasse in dir werden einen klaren Geist,

der hell wie ein Kristall im Dunkel strahlt

und alles, was einst war, in neuem Licht beleuchtet.

Sodass du sagen kannst: Die Zeit war schwer,

doch Segen kam aus ihr, sie hat mir viel bedeutet.

8. Oktober

Gott lasse aus dunklen Tagen
dir Blüten der Freude erstehn,
er wandle dein
einsames Klagen
in Frohsinn auf lichten Höhn.
Er komme am Ende des Tunnels
als Licht selbst auf dich zu,
schenke dir sanften Frieden,
ein weises Herz und Ruh.

9. Oktober

Heile, heile Segen!

Drei Tage Regen,

drei Tage Schnee,

tut dir nichts mehr weh.

Mögest du so viel Vertrauen haben wie das Kind,

dem seine Mutter mit diesen Worten die Hände auflegt

und das sich dadurch beruhigen lässt.

Mögest du einen Menschen an deiner Seite haben,

der die Hand über deine Wunde legt

und dir tröstende und ermutigende Worte zuspricht.

Möge der ewige Gott dich heilen,

sodass du wieder lachen und spielen kannst.

10. Oktober

Ich wünsche dir,

dass jemand seinen Arm um deine Schulter legt,

wenn du traurig bist.

Ich wünsche dir, dass jemand neben dir geht,

wenn du deine Gedanken klären willst.

Ich wünsche dir, dass dich jemand küsst,

wenn du an dir selbst zweifelst.

Ich wünsche dir eine Hand, die deine drückt,

wenn du dich einsam fühlst.

Ich wünsche dir die Nähe eines Menschen,

durch den du spürst:

Gott ist Liebe und du bist sein.

11. Oktober

Mögest du Wind in deinen Segeln haben

und immer eine Handbreit Wasser unter dem Kiel!

Mögest du unbeschwert aufbrechen zum Abenteuer,

möge die Sonne dir lachen und mögen Delphine für dich tanzen.

Mögest du auf der Fahrt zu den fernen Horizonten

so viel erleben an Strömen, Wüsten, Gebirgen und Savannen,

dass du satt wirst an der Ferne.

Mögest du einen Hafen anlaufen, an dem du dir selbst begegnest.

Und wenn wir uns wiedersehen,

kannst du mir alles erzählen,

und wir werden zusammen Wein trinken.

Bis dahin behüte dich Gott.

12. Oktober

Alles vergehet,
Gott aber stehet
ohn alles Wanken;
seine Gedanken,
sein Wort und Wille
hat ewigen Grund.
Sein Heil und Gnaden,
die nehmen nicht Schaden,
heilen im Herzen
die tödlichen Schmerzen,
halten uns zeitlich
und ewig gesund.

Paul Gerhardt, 1607–1676

Sei guten Mutes

Ikone (Feofan Grek), 14. Jh. Verklärung Christi

13. Oktober

Lebe in Frieden mit dem Gott, wie du ihn jetzt für dich begreifst.
Und was auch immer deine Mühen und Träume sind
in der lärmenden Verwirrung des Lebens –
halte Frieden mit deiner eigenen Seele.

Mit all ihrem Trug, ihrer Plackerei
und ihren zerronnenen Träumen –
die Welt ist immer noch schön!

Lebensregel von Baltimore

14. Oktober

Gott segne dich mit dem Geist der Kräuter.
Ihr Aroma möge deine Speisen würzen,
ihre Heilkraft deine Leiden lindern,
ihre Nähe zur Erde dich mit Kraft aufladen.
Gott schenke dir die Zuversicht des Krautes,
das noch im kleinsten Winkel grünt,
und er gönne dir, dass du, so unscheinbar du bist,
Heilkraft in dir hast für andere,
die dich zu finden wissen.

15. Oktober

Erinnere dich an vergangene Tage,
an denen du sagtest: »Das überlebe ich nicht!«
Sie sind vergangen, und du bist da.
Drum fasse Mut für heute:
Auch diese Krise wirst du überwinden,
und wo du keine Lösung siehst,
wird sie sich dennoch finden.
Der Segen, der dich bisher geleitet,
führt dich auch durch diese Tage hindurch,
und was dir heute Schmerz bereitet,
wird doch zum Segen, denn alles wird gut.

16. Oktober

Gott segne dich.

Er gebe dir frischen Mut zu deinem Vorhaben,

Selbstvertrauen und Gelingen.

Er richte dich auf, wenn dir etwas zu schwer erscheint,

und sende dir Partner, die dir helfen.

Gott gebe dir die Kraft, deine Last zu tragen,

und das Vertrauen, dass er sie dir wieder abnimmt.

Gott weise dir den Weg zum Himmel,

damit du ihm leicht und frei entgegengehst.

17. Oktober

Gehe ein in deinen Frieden!

Schlafe einen guten Schlaf!

Ruh dich aus nach deiner Arbeit,

und gesegnet sei die Nacht.

Mondlicht fließt herab vom Himmelszelt,

und der Tau glänzt auf unserm Feld.

Preist den Tag und die Nacht!

Preist die Nacht und den Tag!

Preist die Sonne, preiset die Erde,

preist den Herrn aller Welten. Amen.

Helmut König, * 1930, nach einem Lied aus Israel

18. Oktober

Ich wünsche dir, dass du loslassen kannst,

damit deine verkrampfte Hand sich entspannt,

damit dein zorniges Herz wieder aufatmet,

damit du dem Menschen, den du nicht halten kannst,

sein eigenes Leben gönnst.

Ich wünsche dir das Loslassen als Heilung für dich selbst.

Mögest du Freude haben an einem gewandelten Leben,

an einem neuen Bild von dir selbst,

und möge Gott deiner Seele Frieden geben.

19. Oktober

Gott segne die Nächte, in denen du nichts gefangen,
die Tage, die sich hinziehn wie grauschwarzes Meer.
Denn an den Grenzen deines Könnens und Vermögens
erscheint ein Ufer, das du nicht geahnt.
Ein anderes Ufer, jenseits deiner Nächte und auch Tage.
Du wirst erwartet dort, begrüßt und reich bewirtet.
Und eine Stimme ruft dich:
Tritt heraus aus deinem Leben, wage den Schritt ins Unbetretene,
es wartet Neues dort auf dich, ein Ruf, den du noch nie gehört.

Ich warte auf dich

Duccio di Buoninsegna, 1255-1319, Maestà — Erscheinung am See (Ausschnitt)

20. Oktober

Auch euch, ihr meine Lieben,
soll heute nicht betrüben
kein Unfall noch Gefahr.
Gott lass euch selig schlafen,
stell euch die güldnen Waffen
ums Bett und seiner
Engel Schar.

Paul Gerhardt, 1607–1676

21. Oktober

Gott segne das Kind in dir,

das kleine Mädchen, das du einmal warst

und immer noch bist,

den kleinen Jungen, der du einst warst

und der heute in dir lebt.

Gott segne dein Vertrauen ins Leben

und heile deine Verletzungen.

Gott gebe dir Sanftmut und Geduld

im Umgang mit dem Kind in dir,

damit du es nicht wegschiebst,

sondern dich mit ihm anfreundest.

Damit du es in dir spielen und singen lässt –

so bleibst du lebendig.

Kindern steht der Himmel offen,

auch dem Kind in dir.

22. Oktober

Gott segne dich.

Er hat dich zur Frau gemacht,

so freue dich an deiner Weiblichkeit, genieße sie.

Er hat dich zum Mann gemacht,

so sei stolz auf deine Männlichkeit, stärke sie.

Mann und Frau, beide sind nach Gottes Bild gemacht,

auf beiden liegt der Ursegen des Schöpfers.

Nimm den Segen für dich an.

23. Oktober

Mögest du immer Arbeit haben,
für deine Hände etwas zu tun.
Immer Geld in der Tasche,
eine Münze oder zwei.
Immer möge das Sonnenlicht
auf deinem Fenstersims schimmern
und in deinem Herzen die Gewissheit,
dass ein Regenbogen auf den Regen folgt.

Irischer Segenswunsch

24. Oktober

Mögest du dir Zeit nehmen,
einer Quelle zuzuschauen,
einem Wasserfall zu lauschen,
den Duft des Regens in dich aufzunehmen.
Möge lebendiges Wasser deine Augen netzen
und deine Füße kühlen.
Möge der Geist des Wassers zu dir sprechen,
der alles Leben durchpulst.
Möge das Staunen über das Wasser
dich von dir selbst wegtragen,
sodass deine Seele nach Hause findet.
Möge Gottes Geist dich segnen
wie eine Quelle, die dich erfrischt.

25. Oktober

Segnen heißt gut reden.

Darum kannst du segnen.

Denn du kannst Gutes reden

über die Menschen um dich her,

über die Tiere, die Pflanzen, das Wasser und die Luft,

über die Sterne und das Wetter.

Du kannst gut reden über die Verhältnisse,

die Arbeitgeber und die Arbeitnehmer,

über die Journalisten, die Politiker und die Kirche.

Du kannst so viel gut reden,

dass du das schlecht reden darüber vergisst.

Und wenn du das täglich übst,

bist du selbst gesegnet.

26. Oktober

Möge Gott dich in den Mantel seiner Liebe hüllen,

möge er dir auch im Leide nahe sein.

Möge dich sein leises Wort erreichen,

das dir von heilem Dasein spricht und lichtem Schein.

Mögest du dich nähren an den dunklen Tagen

von den Augenblicken, die dich reich gemacht,

die dich schauern ließen vor dem Wunderbaren,

das der Himmel dir gegönnt von seiner heiligen Macht.

Und ein Tropfen aus dem Ozean der Liebe

gehe durch dich auch zu andern hin,

denn was du verschenkst, wird dir zugleich erhalten,

weil das Gottes Art ist und des Lebens Sinn.

27. Oktober

Wenn ich schlafe,
wacht sein Sorgen
und ermuntert mein Gemüt,
dass ich alle liebe Morgen
schaue neue Lieb und Güt.
Wäre mein Gott nicht gewesen,
hätte mich sein Angesicht
nicht geleitet, wär ich nicht
aus so mancher Angst genesen.
Alles Ding währt seine Zeit,
Gottes Lieb in Ewigkeit.

Paul Gerhardt, 1607–1676

28. Oktober

Ich wünsche dir,

dass du heute einen Gruß bekommst

von einem Menschen, der dir nahe ist,

dass er dir Gutes wünscht und du dich freust.

Ich wünsche dir, dass es dir heute gelingt,

die Menschen um dich her mit deinem Gruß froh zu machen.

Ob du »Grüß Gott« sagst oder »Guten Tag«,

ob du »Gesegnete Mahlzeit« wünschst oder »Adieu« sagst,

dein Lächeln und das Leuchten deiner Augen,

dein warmer Händedruck oder nur wie du den Kopf neigst

wird einem anderen den Tag erhellen.

So segnet Gott durch dich und du bist selbst ein Segen.

29. Oktober

Mögen dir heute die kleinen Freuden
des Tages reichlich beschieden sein.
Möge dich duftendes Leben umgeben:
am Morgen die Dusche, der Kaffee, das Brot,
am Abend ein köstlicher Wein.
Der Geschmack am Leben ist Gottes Segen,
damit du genießt und fröhlich seist.
Und wenn du noch dankbar ein Lied anstimmst,
dann duftest du selbst, und alles wird leicht.

30. Oktober

Es segne dich der Gott,

der dich erschaffen,

es behüte dich der Sohn,

der am Kreuz

für dich gelitten hat,

es erleuchte dich

der Heilige Geist,

der in dir lebt und wirkt.

31. Oktober

Mut wünsche ich dir am hellen Tag
und auch in der dunklen Nacht.
Mut wünsche ich dir, wenn er dir leicht fällt,
und auch, wenn ihn der Sturm vernichten will.
Mut wünsche ich dir,
wenn dir die Nachbarn freundlich entgegenkommen,
und auch, wenn sie feindselig sind.
Mut wünsche ich dir zu dir selbst,
und dass Gott dir dazu helfe.

Irischer Segenswunsch

Ich bin der Segen,
der dich heilt und wandelt.
Ich bin die sanfte Kraft,
die deine Zellen leben heißt.
Ich bin die Energie,
die deine Blutbahn reinigt
und alle schwarze Galle draus vertreibt.
Ich bin der Heilungssegen,
der den schöpferischen Geist des Anfangs
mit deinem Dasein neu in Einklang bringt,
sodass die Melodie des Gotteswortes »Werde«
erneut in deiner Seele klingt.
Ich bin der Heilungssegen,
der dich neu verbindet mit Gott,
auf dem dein Leben gründet.

Jesus heilte jede Krankheit und jede Behinderung.

Matthäus 4,23

November

Das Geschenk der Nähe

1. November

Der barmherzige und gute Gott segne euch.
Er segne euch durch Jesus Christus,
die Sonne, die niemals untergeht.
Jesus Christus gehe als Licht auf in euren Herzen,
wenn es Nacht wird um euch herum.
Er sei bei euch als das Vertrauen,
dass morgen ein neuer Anfang für euch möglich ist.

Anselm Grün, *1945

2. November

So spricht Gott dir zu:

Du bist gesegnet.

Ich gebe dir meinen Geist.

Ich mache dich stark,

zu wirken und zu lieben.

Geh nun und tu,

was die Liebe dir zeigt.

Ich werde bei dir sein

diesen ganzen Tag.

Jörg Zink, *1922

3. November

Ich, der die Welt überwunden hat, sage euch:
Weder Tod noch Leben,
weder Zufall noch Schicksalsmächte,
weder das Unheil eurer Gegenwart
noch die Bedrohungen von morgen,
weder Kräfte in den Sternen
noch Gewalten aus der Tiefe,
noch irgendeine andere Macht
kann euch scheiden von der Liebe Gottes,
die euch in mir begegnet.
Ihr werdet auch im Tode keinem anderen begegnen als mir.
Ich bin der Segen Gottes, immer bei euch.

Nach Römer 8,38-39

Wachse im Glauben

Rogier van der Weyden, 1400 - 1464 Jüngstes Gericht (Ausschnitt)

4. November

Eine ruhige Nacht
und ein seliges Ende
gewähre dir
der barmherzige Gott.
Er hülle dich in seine Liebe
wie eine Mutter ihr Kind
und leite dich zuletzt
in sein ewiges Licht.

5. November

Der ewige Gott sei dir nahe.

Wenn du allein bist und im Dunkeln stehst,

zerreiße er den Himmel über dir,

dass die Sterne dir strahlen,

du hörst, als spräche ein Engel zu dir,

und dein Ziel sich dir leuchtend enthüllt.

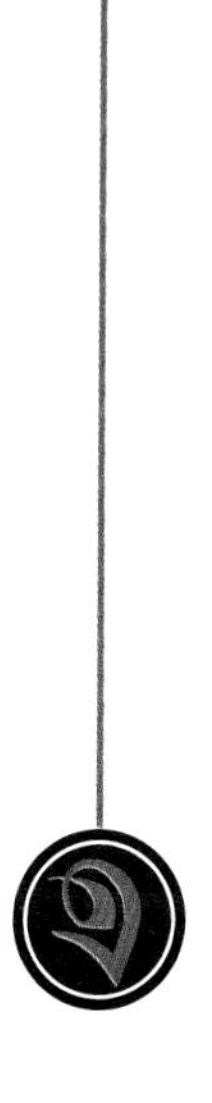

6. November

Lass es dir sagen: Alles wird gut.
Lasse das Fragen, denn alles wird gut.
Ist auch das Leben zum Bersten vor Tücke,
springt dir das Herz vor Schmerzen in Stücke,
wisse: Alles wird gut.
Denn Gottes Segen hält alles zusammen,
was dich bedrückt und was du nicht verstehst,
er weiß allein, wie sich alles wird fügen,
selbst die Gemeinheiten und die Lügen,
drum lasse gelten: Alles wird gut.

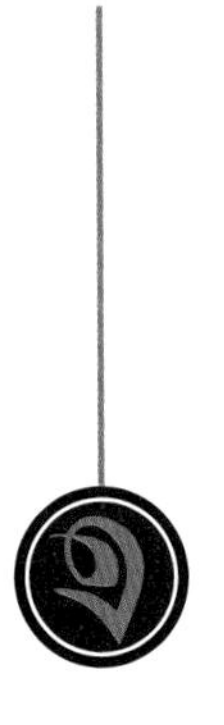

7. November

Möge Gott dir Freunde geben,
auf die du dich verlassen kannst.
Mögest du neben Nachbarn leben,
die dir beistehn dann und wann.
Möge in dem hektischen Getriebe
der zu vielen um dich her
immer einer sein, der dich mit Liebe
ansieht und dir nahe bleibt.
Mögest du ein Halt für andere werden
und ein Freund, auf den sie zählen können.
Denn das ist etwas Kostbares auf Erden:
Treue bewahren und Treue erfahren.

8. November

Gott ist bei dir, auch heute.

Wohin du auch gehst,

Gottes Freude leuchtet vor dir.

Was dir begegnet, irgendwo versteckt sich Gott.

Hab keine Sorge, das Licht macht dich sehen.

Geh in Frieden.

Dorothee Sölle, * 1929

9. November

Es kennt der Herr die Seinen
und hat sie stets gekannt,
die Großen und die Kleinen
in jedem Volk und Land;
er lässt sie nicht verderben,
er führt sie aus und ein,
im Leben und im Sterben
sind sie und bleiben sein.

Philipp Spitta, 1801–1859

10. November

Die gute Hand eines Freundes

möge dir immer nahe sein,

und Gott möge dir dein Herz mit Freude erfüllen

und deinen Geist ermuntern,

dass du singst.

Irischer Segenswunsch

11. November

Es war nur ein sonniges Lächeln,
es war nur ein freundliches Wort,
doch scheuchte es lastende Sorgen
und schwere Gedanken fort.

Es war nur ein warmes Grüßen,
der tröstende Druck einer Hand,
doch schien's wie die leuchtende Brücke,
die Himmel und Erde verband.

Verfasser unbekannt

12. November

Gott behüte dich.

Er segne die Wände deines Hauses,

die dich vor dem Wind und vor der Angst schützen.

Er segne das Dach, das den Regen abwehrt und alle Drohung.

Er segne das Feuer in deinem Hause,

das dich bewahrt vor der Kälte und vor der Verlassenheit.

Er segne deine Bank und deinen Tisch,

an dem du das Brot findest und den Wein.

Er segne deine Fenster

und sende dir viel Licht und freien Blick.

Er segne deine Tür,

sodass die Kommenden bei dir ein gutes Willkommen finden

und einen Menschen, der ihnen ohne Angst begegnet.

Er segne dein Weggehen und dein Heimkommen

jeden Morgen, jeden Abend, heute und morgen und für immer.

Nach einem irischen Segen

13. November

Gott geleite dich wie ein zuverlässiger Freund.

Er sei der Hirte deiner Seele.

Wenn du Angst hast, mache er dir Mut.

Er sei Balsam für dein Gemüt,

wenn du dich über andere ärgerst,

und wandle deine Wut in Besonnenheit,

damit du nicht zu siegen brauchst,

sondern den Frieden findest,

der höher ist als menschliche Vernunft.

14. November

Gott segne dich.

Er gebe dir einen neuen Namen,

er nenne dich

»Herberge des Glücks«,

damit das Glück

bei dir einkehre

und dein Inneres

zum Leuchten bringe,

sodass andere gern

bei dir einkehren

und sich gesegnet fühlen,

wenn sie von dir kommen.

15. November

Ich wünsche dir,

dass du erfährst, geliebt zu werden,

denn kaum ein Glück

unter der Sonne kommt diesem gleich.

Ich wünsche dir,

dass du in dir den Quell der Liebe öffnest,

denn Größres gibt's nicht,

als deines Liebens Innenreich.

16. November

Gott segne dich.

Er segne die Abgründe in dir,

die tiefen Schluchten,

in die du selbst kaum schauen magst.

Und wenn du glaubst, in ihnen zu versinken,

dann lass dich fallen,

denn am tiefsten Grund, wo du nichts siehst,

wo deine Hände und deine Füße

keinen Halt mehr wissen,

dort wirst du aufgehoben leis und sanft.

Dort hält dich Gott

und lässt aus deinen Finsternissen

die lichte Blume des Vertrauens sprießen.

Freue dich

Petrus Christus, um 1410-1472

Madonna im dürren Baum

17. November

Gott schenke dir das Glück,
dich stark zu fühlen,
gesund und fähig,
für dich einzustehn.
Er leite Wind auf deine Mühlen
und lasse, was du anfängst,
gut ausgehn.
Er schenke Freude dir
an all den Deinen,
für die du wirkst und schaffst
von früh bis spät,
er lasse deine
tätigen Hände fühlen,
dass Gott sie für dich segnet
mit der Gnade seiner Kraft.

18. November

Gott schenke dir das größere Vertrauen,

das dich auch hält, wenn du dich selbst verlierst.

Denn wo dein Wille aufgibt,

wo dich deine Kraft verlässt,

sieh, ist ein Netz aus Licht,

ein Rauschen wie von Engelsschwingen.

Dort gerade rührst du an das Göttliche,

das hinter allen Dingen

die Welt hervorbringt und im Gleichgewicht erhält.

Auch dich wird Gott nicht lassen, nicht aufgeben,

er kennt das Ufer, an das dich die Wirbel bringen,

an dem du ausruhn kannst, still und ganz unverletzt.

19. November

Aus deinen Augen strahle
freundliches Licht
wie zwei Kerzen im Fenster,
die den Wanderer einladen,
Schutz zu suchen
in stürmischer Nacht.

Wen du auch triffst,
wenn du über die Straße gehst,
ein freundlicher Blick von dir
mache ihn froh.

Irischer Segenswunsch

20. November

Ich wünsche dir den wachen Blick zum Himmel,
wie er sich täglich über dir ereignet.
Mit Wolken, Regen, roten Sonnenuntergängen,
mit allem, was das Wetter
an Erscheinungen vor deine Augen breitet.
Lenk deinen Blick nur hin,
wo Sonne, Mond und Sterne wandern;
sie sind die Botschaft, die dir täglich sagt:
So groß ist diese Welt, und du in ihr geborgen,
du atmest, weil der Himmel dirs gewährt.
Er ist der weite Horizont,
auf den sich deine Sehnsucht richtet,
er ist der Himmel deiner Hoffnung auf ein größres Sein,
das sich dir auftut, wie das Licht entschwindet
in Glanz und Glut beim Abendsonnenschein.

21. November

Möge der,

welcher für die Christen unser Vater ist,

Jahwe für die Juden,

Allah für die Moslems,

Buddha für die Buddhisten,

Brahma für die Hindus,

möge dieses allmächtige

und allwissende Wesen,

das wir als Gott anerkennen,

uns Menschen den Frieden geben

und unsere Herzen in einer geistigen Bruderschaft vereinen.

Aus Indien

22. November

Gott segne dich, und du sollst ein Segen sein.

Nimm eine Blume oder einen ganzen Strauß

und schenke ihn dem, den du heute siehst.

Es braucht kein besonderer Anlass zu sein,

sag dem andern einfach, dass du ihn magst.

Bring mit den Blumen Duft und Farbe in sein Leben

und einen Gruß, der ihn auch selbst verschönt.

Drum schenke einfach, und ein Gruß von drüben

erreicht dann dich und den, den du bedacht.

23. November

An meinen Schutzengel

Den Namen weiß ich nicht. Doch du bist einer
Der Engel aus dem himmlischen Quartett,
Das einstmals, als ich kleiner war und reiner,
Allnächtlich Wache hielt an meinem Bett.

Wie du auch heißt – seit vielen Jahren schon
Hältst du die Schwingen über mich gebreitet
Und hast, der Toren guter Schutzpatron,
durch Wasser und durch Feuer mich geleitet.

Du halfst dem Taugenichts, als er zu spät
Das Einmaleins der Lebensschule lernte.
Und meine Saat, mit Bangen ausgesät,
ging auf und wurde unverhofft zur Ernte.

Mascha Kaléko, 1907 – 1975

Ich glaube an dich

Wiener Genesis, 6. Jh. Abraham unter dem Sternenhimmel (Ausschnitt)

24. November

Mögest du an kalten dunklen Tagen spüren,
dass dich Lebenskraft durchpulst,
dass das Feuer aus dem Ursprung aller Tage
in dir glüht und wirkt und deinen Geist entflammt.
Und das Leuchten, das aus deinen Augen grüßt,
der warme Druck von deinen Händen,
die Liebe, die in deinem Herz glüht,
sie mögen andre um dich her erfreuen
und ihnen durch dich sagen,
dass ein Feuer blüht,
das dich erschaffen und die andern auch,
ein Feuer voller Liebe und voll Kraft,
das wärmt und leuchtet und nicht endend schafft
und segnend seine Flamme schenkt uns allen.

25. November

Jesus Christus sei bei euch als die Sehnsucht,

dass morgen ein neuer Himmel und eine neue Erde warten.

Er sei bei euch als die Liebe,

die alles Verhärtete wieder zum Leben weckt.

Er sei bei euch als die Barmherzigkeit,

die euch mit eurer Armut in das Herz seiner Liebe aufnimmt.

Anselm Grün, * 1945

26. November

Es sollen wohl Berge weichen
und Hügel hinfallen,
aber meine Gnade soll nicht
von dir weichen
und der Bund meines Friedens
soll nicht hinfallen,
spricht der Herr, dein Erbarmer.

Jesaja 54,10

27. November

Ich wünsche dir die blauen Stunden,
in denen du von deiner Arbeit ruhst,
in denen deine Seele stiller wandelt,
in denen sanfte Dämmrung dich umhüllt.
Und drin ein Klang, der dich hinüberträgt
in selge Kindheitstage, die du längst vergessen,
in denen du dem Himmel nahe warst
und Engel dich sanft in die Höhe hoben.

28. November

Ein goldnes Lachen sei dir heut beschert,
und Heiterkeit, die keinen Nutzen bringt,
die dich erhebt von aller Erdenschwere
und dich so leicht macht,
dass dein Herz mal wieder singt.
Die Sorgen mögen schwinden
und die Mühsal deiner Tage,
damit du wieder weißt, du bist geliebt.
Ein Segen wölbt sich über dich
und Gottes heilger Glanz
fällt auch auf dein Gesicht,
so bist du hell und ganz.

Ich hab dich gern

Domenico Ghirlandaio, 1449-1494 Maria und Elisabeth (Ausschnitt)

29. November

Vertraut den neuen Wegen,
auf die der Herr uns weist,
weil Leben heißt, sich regen,
weil Leben wandern heißt.
Seit leuchtend Gottes Bogen am hohen Himmel stand,
sind Menschen ausgezogen in das gelobte Land.

Vertraut den neuen Wegen
und wandert in die Zeit!
Gott will, dass ihr ein Segen
für seine Erde seid.
Der uns in frühen Zeiten das Leben eingehaucht,
der wird uns dahin leiten, wo er uns will und braucht.

Vertraut den neuen Wegen,
auf die uns Gott gesandt!
Er selbst kommt uns entgegen,
die Zukunft ist sein Land.
Wer aufbricht, der kann hoffen in Zeit und Ewigkeit.
Die Tore stehen offen. Das Land ist hell und weit.

Klaus Peter Hertzsch, * 1930

30. November

Gott möge dir die Leidenschaft geben,

das Leben unbedingt zu bejahen

und dich aufzulehnen gegen alles,

was es schlecht macht und beengt.

Er schenke dir den heilgen Zorn,

der deine Jugendjahre füllte,

als du dich noch empörtest

über Unrecht und Gewalt.

Prophetisch sei dein Geist,

voll kühnen Feuers,

und dulde nicht, dass du dich rasch begnügst.

Denn Gott will Leben, will der Menschen Fülle,

und wo du seinen Willen tust,

empfängst du Segen aus dem heiligen Geist.

Ich bin der Segen, bin das Licht,
das jede Dunkelheit durchbricht.
Ich bin der Strahl, der dir den Ausweg zeigt,
der Stern, der dich zu neuen Zielen leitet.
Ich bin der Glanz, der von Gott selbst ausgeht
und dich ins Leben rief, dich und die ganze Welt.
Ich bin die Sonne, die das Leben bringt,
als Lebenskraft durch alle Poren dringt.
Ich bin der Schein,
der dich von innen her erleuchtet.
Ich bin das Leuchten,
das auf deinem Angesicht erscheint
und dich mit Christus, deinem Licht, vereint.

Christus:
Ich bin das Licht der Welt.
Wer mir nachfolgt, wird nicht im Finstern gehen,
sondern er wird das Licht des Lebens haben.

Johannes 8,12

Dezember

Das Licht der Gnade

1. Dezember

Mögest du
an einem kalten Abend
warme Worte haben,
in einer dunklen Nacht
den Vollmond
und auf dem Weg nach Hause
sanften Rückenwind.

Irischer Segenswunsch

2. Dezember

Gott segne das Gotteskind
in dir.
Vielleicht kennst du es
noch nicht.
Nimm ihm die Lumpen
des Alltags ab,
probiere sein Festkleid an.
Verneige dich
vor dem Verborgenen in dir
und dem Segen,
der daraus leuchtet.

3. Dezember

Es kommt ein Schiff, geladen
bis an sein höchsten Bord,
trägt Gottes Sohn voll Gnaden,
des Vaters ewigs Wort.

Das Schiff geht still im Triebe,
es trägt ein teure Last;
das Segel ist die Liebe,
der Heilig Geist der Mast.

Der Anker haft' auf Erden,
da ist das Schiff an Land.
Das Wort will Fleisch
uns werden,
der Sohn ist uns gesandt.

Daniel Sudermann, 1550–1631, nach einem Marienlied aus Straßburg, 15. Jh.

4. Dezember

Ich wünsche dir,

dass dich heute das Rosa berührt,

das zarteste Leuchten der Welt,

ein Schein jener Liebe, die niemals verführt,

die liebevoll da ist und zart umhüllt

und leuchtet wie Seide und Quarz.

Von jener Liebe, die anmutig strahlt,

die heiter ist und leicht

und die aus der göttlichen Gnade entlehnt

das Kindliche, Frohe und Zärtlichkeit.

5. Dezember

Jesus Christus sei bei euch mit seinem weiten Herzen,

das eure leeren Hände mit dem Reichtum

seines ewigen Lebens füllt.

Das gewähre euch der gütige und barmherzige Gott.

Anselm Grün, *1945

Erkenne dich selbst

Hildegard von Bingen, Scivias-Codex, um 1165 — Vom Urquell des Lebens

6. Dezember

Mögen die Lieder dir wieder erklingen,
die Lieder, die dir schon als Kind vertraut,
mögen sie in ihrem innigen Schwingen
dich erinnern an jenes geheime Zelt,
wo in deinem Herzen still und leise
zu jeder Zeit wohnt ein Engel mild,
der für dich singt das Lied von göttlicher Gnade,
von seiner Treue und sanften Güt.
Und möge die Antwort in deinem Herzen
die Melodie des Lobens sein,
die dich verbindet mit allen, die singen,
mit dir, dem Kind, und dem Engel dein.

7. Dezember

Ich lag in schweren Banden,
du kommst und machst mich los;
ich lag in Spott und Schanden,
du kommst und machst mich groß
und hebst mich hoch zu Ehren
und schenkst mir großes Gut,
das sich nicht lässt verzehren,
wie irdisch Reichtum tut.

Nichts, nichts hat dich getrieben
zu mir vom Himmelszelt
als das geliebte Lieben,
damit du alle Welt
in ihren tausend Plagen
und großen Jammerlast,
die kein Mund kann aussagen,
so fest umfangen hast.

Paul Gerhardt, 1607–1676

8. Dezember

Ich will für mein Volk wie ein Tau sein,

dass es blühen soll wie eine Lilie, sagt Gott.

Seine Wurzeln sollen wie eine Linde ausschlagen

und seine Zweige sich ausbreiten,

dass es so schön sei wie ein Ölbaum

und so guten Geruch gebe wie eine Linde.

Korn soll ihnen wachsen

und blühen sollen sie wie ein Weinstock.

Man soll sie rühmen wie den Wein vom Libanon.

Jörg Zink, * 1922, nach Hosea 14,5-6

9. Dezember

Möge Gott dir ein gutes Wort eingeben,

wenn du Trauernden begegnest,

möge eine zarte Geste dir gelingen,

wenn du Leid lindern willst.

Möge dein Herz nicht erschrecken,

wenn der Tod dich berührt.

Möge Gott dir Augen geben,

die über alles irdische Elend hinausschauen

in jenes Land des Lichts,

in das die Toten dir vorausgegangen sind.

Und möge es dir gegeben sein,

anderen mitzuteilen von deinem Glauben

wider den Augenschein,

damit Friede sei in deiner und ihrer Seele.

10. Dezember

Ich möchte eine alte Kirche sein
voll Stille, Dämmerung und Kerzenschein.
Wenn du dann diese trüben Stunden hast,
gehst du herein zu mir mit deiner Last.
Du senkst den Kopf, die große Tür fällt zu.
Nun sind wir ganz alleine, ich und du.
Ich kühle dein Gesicht mit leisem Hauch,
ich hülle dich in meinen Frieden auch. ...
Hier hinten, wo die beiden Kerzen sind,
komm, setz dich hin, du liebes Menschenkind!
Ob Glück, ob Unglück, alles trägt sich schwer
Du bist geborgen hier, was willst du mehr!
Ich möchte eine alte Kirche sein
voll Stille, Dämmerung und Kerzenschein.
Wenn du dann deine trüben Stunden hast,
gehst du herein zu mir mit deiner Last.

Manfred Hausmann, 1898–1986

11. Dezember

Selig sind die Ratlosen,
denn sie sind offen für Gottes Pläne.

Mögest du sein Licht schauen,
wenn es um dich her dunkel ist.
Mögest du Gottes Güte erleben an deinem Leib,
seine Freundlichkeit an deiner Seele.
Mögest du dich wieder freuen
und Feste feiern auf dieser Erde,
bis sie verklungen sind
und das andere, das größere Fest beginnt,
das Gott dir bereitet.

12. Dezember

Segen leuchtet

Dein Segen leuchtet in der Nacht
und meine Sehnsucht ist noch wach.
Wenn gleich ein Traum vom Himmel fällt,
heb ich ihn auf. Ein Traum erhellt.

Dein Segen singt ein altes Lied.
Ich bin ganz still, bis es verweht.
Dann wird der Raum um mich so weit,
Gott, du bist da. In meiner Zeit.

Dein Segen hüllt mich wieder ein,
und meine Angst bleibt jetzt allein.
Wenn gleich ein Traum vom Himmel fällt,
heb ich ihn auf. Ein Traum erhellt.

Birgit Kley, * 1956

Ich komme dir entgegen

Duccio di Buoninsegna, 1255–1319, Maestá, Geburt Christi (Ausschnitt) Engel über den Hirten

13. Dezember

Lasset die Kinder zu mir kommen,
ihnen gehört das Reich Gottes.

Matthäus 19,14

Christus segne dich mit seiner unerschöpflichen Liebe.
Er schenke dir das Ja zu dir selbst
und bewahre dich vor deinen Selbstvorwürfen.
Er lasse in dir aufblühen wie eine Rose
die beseligende Gewissheit,
dass er dich, gerade dich, besucht und ansieht,
um dich einzuladen zu seinem Tisch
und seinem Hochzeitsfest.

14. Dezember

Mögest du immer einen Menschen neben dir haben,

den du umarmen kannst,

damit du ihm deine Liebe zeigen kannst,

ihn trösten und seine Einsamkeit heilen.

Mögest du in dunklen Nächten erfahren,

wie dich der Schlaf sanft umarmt

und dich am nächsten Morgen ein Sonnenstrahl streichelt.

Möge Musik dich umhüllen mit zärtlichem Klang

und mögest du in dem allen erfahren,

dass Gottes Liebe dich segnet und weiter geleitet.

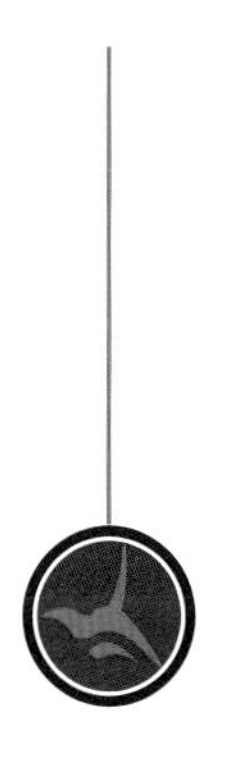

15. Dezember

Mögest du das Wünschen nicht vergessen.

Dein Wünschen ist wie eine goldene Schale,

in die der Himmel seinen Segen gießt.

Drum wünsche frei und nimm auch deine Phantasie dazu,

dein ganzes Herz und deinen ganzen Mut.

Denn Gott ist groß und gibt gern große Gaben,

drum ist es gut, ein weites Herz zu haben.

16. Dezember

Ich wünsche dir eine Oase des Friedens,
die dir Zuflucht gewährt im Fluss der Zeit.
Ich wünsche dir, dass du Oasen der Liebe
dir selbst bereitest oder am besten zu zweit.
Ich wünsche dir eine Oase der Stille,
in der du nur atmest und in dich lauschst
und wo dich ein Engel Gottes besucht,
der dich anlächelt und dich berauscht
mit heiligem Atem und frischem Mut.

17. Dezember

Gott segne dich.
Er wecke in dir die Anteilnahme
für dein einsames, liebebedürftiges Herz
und schenke dir seine belebende Kraft.
Er schaffe in dir die Achtsamkeit
für die Menschen um dich her,
sie sind wie du und du brauchst keinen zu fürchten.
Denn auch in ihnen wohnt ein verletzliches Herz wie in dir,
und deine Freundlichkeit wird sie trösten.
Gott segne deine Behutsamkeit und Zartheit,
und schenke dir ein weises Herz,
das Segen wirkt und Wunden heilt.

18. Dezember

Mögest du innewerden,

dass alle Menschen deine Brüder und Schwestern sind.

Sie mögen so fern sein wie die Sterne am Himmel,

so fremd wie ein Kolibri in der Karibik –

vertraue dem, was dein Herz zu dir spricht:

Eine Seelenfamilie aus himmlischen Höhen

hat sich in irdische Hüllen begeben,

um hier Liebe zu üben, im dunklen Geviert.

Drum liebe alle, hab Verständnis für ihr dunkles Tasten

und wisse, aus den Himmeln regnet Gnade

und jeder Engel freut sich, wenn du ihm entsprichst.

19. Dezember

Der Gott, der gesagt hat:

Aus der Finsternis soll Licht aufstrahlen!,

hat in unseren Herzen ein Licht angezündet.

Uns ist aufgegangen, dass wir Gott sehen,

wenn wir auf Jesus blicken.

Nach 2. Korinther 4,6

Der vertrauensvolle Blick eines Kindes,
sein erstes Lächeln,
seine ausgestreckten Hände
sind Ausdruck göttlichen Segens,
zarter kann er nicht sein.

Ich komme wieder zu dir

Fra Angelico, 1387–1455, Thronende Jungfrau mit Kind und mit Heiligen Jesusknabe (Ausschnitt)

20. Dezember

Mögest du bei allem, was dir widerfährt,
die kleine Frage nicht vergessen:
Wer weiß, wozu es gut ist?
Möge diese Frage deine Hoffnung wecken
und den Glauben an den Sinn in deinem Leben.
Möge sie deinen Schmerz lindern
und deine Enttäuschung besänftigen.
Denn diese Frage kann zu jener Lücke werden,
durch die der Segen Gottes zu dir strömt
und alles, was dir schwer war, leicht wandelt
in etwas Gutes, das dich reich beschenkt.

21. Dezember

Gott segne dich.

Er gebe dir die Gelassenheit,

offene Fragen stehen zu lassen.

Er gebe dir die Demut,

Rätsel nicht lösen zu müssen.

Er öffne deinen Geist dafür,

dass es besser ist, ein Licht anzuzünden

als über die Dunkelheit zu klagen,

und besser, Weihnachtslieder zu singen

als Probleme zu diskutieren.

Denn unverhofft, wie eines Engels Gesang

strömt Trost ins Ungeklärte

und du staunst und dankst.

22. Dezember

Wahrlich, die Engel verkündigen heut
Betlehems Hirtenvolk gar große Freud:
Nun soll es werden Friede auf Erden,
den Menschen allen ein Wohlgefallen.
Ehre sei Gott!

Karl Riedel, 1827–1888

23. Dezember

Segen der Engel

Euch ist ein Kindlein heut geborn
von einer Jungfrau auserkorn,
ein Kindelein so zart und fein,
das soll eu'r Freud und Wonne sein.

Es ist der Herr Christ, unser Gott,
der will euch führn aus aller Not,
er will euer Heiland selber sein,
von allen Sünden machen rein.

Er bringt euch alle Seligkeit,
die Gott der Vater hat bereit',
dass ihr mit uns im Himmelreich
sollt leben nun und ewiglich.

Martin Luther, 1483–1546

24. Dezember

Das ewig Licht geht da herein,
gibt der Welt ein neuen Schein;
es leucht‘ wohl mitten
in der Nacht
und uns des Lichtes
Kinder macht.

Martin Luther, 1483–1546

Frohe Weihnachten

Meister Francke, 1424

Geburt Christi

25. Dezember

Der Gott, der zu dir kommen will wie ein Kind,

schenke dir ein Lachen.

Der Gott, der zu dir kommen will wie ein Liebender,

lasse dich erkennen, wie schön du bist.

Der Gott, der zu dir kommt als neue Welt,

möge abwischen all deine Tränen.

Der Gott, der mit dir feiern will,

gebe dir die Kraft, ein Segen zu sein für andere.

26. Dezember

Gott mache das Fenster deines Herzens groß,

sodass du sein helles Licht siehst.

Er mache deine Augen sehend,

sodass du im Dunkeln seine liebende Gegenwart erblickst.

Gott öffne dein Ohr,

sodass du den Klang des Heiligen vernimmst.

Gott stärke deine Hände,

dass du tun kannst, was dein Herz dir eingibt.

27. Dezember

Ich wünsche dir,

dass du das alte Jahr in Ruhe zu Ende gehen lässt.

Dass du alles, was nicht nach deinen Wünschen war,

ins Meer des Vergessens wirfst.

Und dass du behältst, was dir Gutes gelang

und was du geschenkt bekamst.

So wirst du getrost

dem Neuen entgegensehn.

Es soll dir bescheren ein Päckchen Glück

und eine Dosis Trübes.

Das eine, damit du dich drüber freust,

das andre, damit du's vom Guten unterscheidest.

28. Dezember

Möge Musik dich neu ergreifen,

ob du sie singst oder selber spielst,

ob du sie hörst und dich dran ergötzt.

Nichts Besseres gab es bisher im Leben,

nichts Schöneres kann dich auch künftig erfreun.

Drum gib ihr Raum, widme ihr Zeit

und denke dran: Auch in der Ewigkeit

wird Musik dich empfangen.

Noch schöner vielleicht, noch wunderbarer,

doch suchst du hier den Himmel auf Erden,

dann lass die Musik deine Freundin werden.

29. Dezember

Gott sei hinter dir

und stärke dir den Rücken.

Gott sei vor dir

und gehe dir voran auf dem Weg, den du gehen sollst.

Gott sei unter dir,

dass die Erde ein Waldweg sei unter deinen Füßen.

Gott sei über dir

und gebe deinen Gedanken Flügel.

Gott sei rings um dich

und umarme dich mit vergebender Liebe.

Gott sei in dir

als eine Quelle der Freude.

30. Dezember

Ich wünsche dir
nicht den Himmel voller Geigen,
aber dass du sie manchmal vernimmst.
Ich wünsche dir kein Paradies auf Erden,
aber dass du oft davon träumst.
Ich wünsche dir nicht die ewige Liebe,
aber dass dich ihr Schein beglückt,
ich wünsche dir nicht das Gold deiner Sehnsucht,
aber dass du sie nie aufgibst.
Denn so, in der Ahnung von Wunderbarem,
das sich dir jetzt noch verschließt,
bist du ein Mensch unter Menschen
und hast auch die Kraft, dem Neuen entgegenzugehen.

31. Dezember

Jesu Abschiedssegen

Siehe, ich bin bei euch alle Tage
bis an der Welt Ende.

Matthäus 28,20

Ein gutes neues Jahr

Fresko in der Panagia-Pantanassa-Kirche in Mistra, um 1428 — Himmelfahrt Christi

Quellennachweis

2. März	Else Lasker-Schüler, Ich habe dich gewählt. Aus: dies., Gesammelte Werke in drei Bänden. © Suhrkamp Verlag Frankfurt 1996
8. März	Günter Bruno Fuchs, Für ein Kind. Aus: Das Lesebuch des Günter Bruno Fuchs. © 1970 Carl Hanser Verlag München Wien
24. März	Khalil Gibran, aus: ders., Der Prophet. © Patmos Verlag GmbH & Co. KG, Walter Verlag, Düsseldorf/Zürich
9. Mai	Bertolt Brecht, aus: ders., Werke. Große kommentierte Berliner und Frankfurter Ausgabe, Band 14. © Suhrkamp Verlag Frankfurt 1993
2. Juli	Mascha Kaléko, An mein Kind. © Gisela Zoch-Westphal
28. August	Jochen Klepper: Mittagslied, Vers 7-9, aus: ders., Kyrie – Geistliche Lieder. Luther-Verlag, Bielefeld, 1998
22. November	Mascha Kaléko, An meinen Schutzengel. Aus: dies., In meinen Träumen läutet es Sturm. © 1997 Deutscher Taschenbuch Verlag, München
10. Dezember	Manfred Hausmann, aus: ders., Jahre des Lebens, Neukirchener Verlag, Neukirchen-Vluyn 1974

Die Deutsche Bibliothek- CIP-Einheitsaufnahme

Ein Titeldatensatz für diese Publikation ist bei

Der Deutschen Bibliothek erhältlich

1 2 3 4 5 05 04 03 02

Ein Unternehmen der Verlagsgruppe Dornier

Postfach 80 06 69, 70506 Stuttgart, Tel. 0711-78 80 30

Sie erreichen uns rund um die Uhr unter

www.kreuzverlag.de

Umschlag- und Innengestaltung: Jutta Bost

Fotos: Archiv Jörg Zink und Privatbesitz

Satz: Rund ums Buch – Rudi Kern, Kirchheim/Teck

Druck und Bindung: Eurolitho, Mailand, Italien

Die Schreibweise entspricht den Regeln der neuen Rechtschreibung.

ISBN 3 7831 2186 8